MARCO POLO

Reisen mit **Insider Tipps**

PHUKET

MARCO POLO Autor
Wilfried Hahn

Als Wilfried Hahn Ende der 1970er-Jahre erstmals nach Phuket reiste, hießen die Touristen dort noch „Hippies". Vieles hat sich seitdem verändert, aber Hahns Liebe zur Insel ist ungebrochen. Jedes Winterhalbjahr fährt er in den Süden Thailands – immer auf der Suche nach den neuesten Trends, hippen Bars und versteckten Schönheiten.

www.marcopolo.de/phuket

← **UMSCHLAG VORN: DIE WICHTIGSTEN HIGHLIGHTS**

Die besten Insider-Tipps → S. 4

Best of ... → S. 6

Die Westküste → S. 32

Süd- und Ostküste → S. 58

4	**DIE BESTEN INSIDER-TIPPS**
6	**BEST OF ...** ● TOLLE ORTE ZUM NULLTARIF S. 6 ● TYPISCH PHUKET S. 7 ● SCHÖN, AUCH WENN ES REGNET S. 8 ● ENTSPANNT ZURÜCKLEHNEN S. 9
10	**AUFTAKT**
16	**IM TREND**
18	**STICHWORTE**
24	**ESSEN & TRINKEN**
28	**EINKAUFEN**
30	**DIE PERFEKTE ROUTE**
32	**DIE WESTKÜSTE** BANG TAO BEACH, KAMALA BEACH, KARON BEACH, KATA NOI BEACH, KATA YAI BEACH, LAYAN BEACH, MAI KHAO BEACH, NAI THON BEACH, NAI YANG BEACH, PANSEA BEACH, PATONG BEACH, SURIN BEACH
58	**SÜD- UND OSTKÜSTE** AO CHALONG, AO SANE BEACH, LAEM PHAN WA, NAI HARN BEACH, RAWAI BEACH, YA NUI BEACH

SYMBOLE

INSIDERTIPP Insider-Tipp
★ Highlight
●●●● Best of ...
☼ Schöne Aussicht
☺ Grün & fair: für ökologische oder faire Aspekte
(*) kostenpflichtige Telefonnummer

PREISKATEGORIEN HOTELS

€€€ über 70 Euro
€€ 40–70 Euro
€ bis 40 Euro

Die Preise gelten für zwei Personen im Doppelzimmer bzw. für einen Strandresort-Bungalow

PREISKATEGORIEN RESTAURANTS

€€€ über 10 Euro
€€ 5–10 Euro
€ bis 5 Euro

Die Preise gelten für ein Essen mit zwei Gängen, aber ohne Getränke

INHALT

PHUKET TOWN	**66**
INSELN UND ZIELE UM PHUKET PHANG NGA BAY, KO LONE, KO PHI PHI, KO RAYA YAI, KO SIMILAN, KO YAO NOI, KO YAO YAI	**74**
AUSFLÜGE & TOUREN	84
SPORT & AKTIVITÄTEN	90
MIT KINDERN UNTERWEGS	94
EVENTS, FESTE & MEHR	98
ICH WAR SCHON DA!	100
LINKS, BLOGS, APPS & MORE	102
PRAKTISCHE HINWEISE	104
SPRACHFÜHRER	110
REISEATLAS	114
REGISTER & IMPRESSUM	126
BLOSS NICHT!	128

Phuket Town → S. 66

Inseln & Ziele um Phuket → S. 74

Ausflüge & Touren → S. 84

Reiseatlas → S. 114

GUT ZU WISSEN
Geschichtstabelle → S. 12
Spezialitäten → S. 26
Bücher & Filme → S. 52
Ein Allzweckbaum → S. 62
Was kostet wie viel? → S. 105
Währungsrechner → S. 107
Wetter auf Phuket → S. 108
Thai → S. 111

KARTEN IM BAND
(116 A1) Seitenzahlen und Koordinaten verweisen auf den Reiseatlas
(O) Ort/Adresse liegt außerhalb des Kartenausschnitts Es sind auch die Objekte mit Koordinaten versehen, die nicht im Reiseatlas stehen
(U A1) Koordinaten für die Karte von Phuket Town im hinteren Umschlag
Karon, Kata Noi Beach → S. 41
Patong → S. 51

UMSCHLAG HINTEN: FALTKARTE ZUM HERAUSNEHMEN →

FALTKARTE 📙
(📙 *A–B 2–3*) verweist auf die herausnehmbare Faltkarte
(📙 *a–b 2–3*) verweist auf die Zusatzkarten auf der Faltkarte

Die besten MARCO POLO Insider-Tipps

Von allen Insider-Tipps finden Sie hier die 15 besten

INSIDER TIPP Yoga am Strand der Extraklasse
Om – im edlen Resort Renaissance am Mai Khao Beach können Sie bei Yoga am längsten Strand der Insel völlig loslassen → S. 46

INSIDER TIPP Loge überm Meer
Das Kap Promthep auf Phuket kennt jeder. Aber es gibt da auch noch eine Aussichtsplattform hoch über der Bucht von Nai Harn, bei der Sie sich die Loge mit Traumblick aufs Meer nicht mit Touristenmassen teilen müssen → S. 64

INSIDER TIPP Wohnen wie bei Mama
Das Suntisook Resort auf Ko Yao Noi hat nicht nur heimelige Bungalows. Wenn die Mama dort Kartoffelbrei auftischt, können Sie sich wie zu Hause fühlen → S. 82

INSIDER TIPP Kommen Sie auf den Geschmack
Im Taste am Surin Beach spüren Sie bei feinen Leckereien den Sand unter den Füßen → S. 56

INSIDER TIPP Ein Lokal zum Verlieben
Der Name ist Programm: Im hübschen Lokal Je t'aime auf Ko Yao Noi können Sie sich bei leckerem Essen, Kaffee oder Cocktails gleich in die ganze, noch ursprüngliche Insel verlieben → S. 80

INSIDER TIPP Schlemmen hinter alten Mauern
Top-Thaiküche können Sie in der schön restaurierten Stadtvilla im sino-portugiesischem Stil des China Inn in Phuket Town genießen (Foto re.) → S. 69

INSIDER TIPP Einlochen bei Nacht
Golfen unter Flutlicht? Aber bitte doch: Auf dem Phunaka Golf Course nahe Chalong können Sie auch nachts den Schläger schwingen → S. 91

INSIDER TIPP Eine Heimat in der Ferne
Hier spricht man deutsch: Die Pension Heimat Gardens auf Ko Yao Yai werden von der multilingualen Chefin Yamalia geführt → S. 83

INSIDER TIPP Großartiger Winzling im Meer
Hinterlassen Sie Ihre Fußspuren am Strand von „Bamboo Island", wie die kleine, einsame Insel Ko Mai Pai auch genannt wird → S. 78

INSIDER TIPP Immer dem Duft nach
Die Kräuterapotheke Oldest Herbs Shop in Phukets Altstadt ist zwar schon museumsreif, aber immer noch im Geschäft. Nase auf, dann können Sie sie nicht verfehlen → S. 71

INSIDER TIPP Lustiger Schlauch im Urwald
Mit Tubing macht der Dschungel noch mehr Spaß: Im Lkw-Reifen können Sie gemächlich den Sok River hinuntergondeln → S. 88

INSIDER TIPP Seien Sie ganz Ohr
Sie werden Ohren machen in diesem Klangtempel. Das Sound ist die hippste Disko am Patong Beach – und gestylt wie ein menschliches Ohr → S. 55

INSIDER TIPP Mit Humphrey Bogard und Ingrid Bergman dinieren
Im Gourmetrestaurant Cudos am Luxusstrand Surin Beach dürfen Sie neben erlesenen Speisen aus mediterraner Küche auch Filmklassiker im Open-Air-Theater genießen → S. 56

INSIDER TIPP Ganz einfach ein süßes Café
Hier ist der Name Programm: Im stilvollen Café A Spoonful of Sugar am Nai Harn Beach werden Sie mit Retrolook und zuckersüßen Törtchen zum Reinbeißen verzaubert → S. 62

INSIDER TIPP Wohnen im Stelzendorf ohne Touristentrubel
Wenn die zahlreichen Tagestouristen von der Phang Nga Bay wieder abgefahren sind, haben Sie in den Sayan Bungalows das Muslimpfahldorf Ko Pannyi fast für sich allein. Und Sie können eintauchen in den alltäglichen Feierabend der Einheimischen (Foto li.) → S. 87

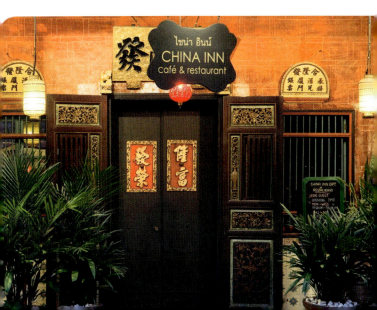

BEST OF ...

TOLLE ORTE ZUM NULLTARIF
Neues entdecken und den Geldbeutel schonen

SPAREN

● *Zu Fuß durch den Sumpf*
Im *Sirinat National Park* schaffen Sie es trockenen Fußes durch den Sumpf. Von einem Plankensteg aus können Sie ein faszinierendes Ökosystem erkunden. Und für diesen Teil des Nationalparks müssen Sie keinen Eintritt zahlen → S. 45

● *Postkartenmotiv vom Gipfel*
Dieser atemberaubende Ausblick kostet Sie nur ein wenig Schweiß: Wenn Sie die 348 steilen Stufen zum *Viewpoint* hinaufsteigen, schimmern unter Ihnen die Zwillingsbuchten auf Ko Phi Phi, mächtige Klippen mit grünen Kappen erheben sich aus dem Meer ... → S. 76

● *Zu Besuch bei chinesischen Göttern*
Viele Phuket-Insulaner haben chinesische Vorfahren und verehren auch heute noch die Götter ihrer Ahnen. Im farbenprächtigen *Jui Tui Tempel* in Phuket Town können Sie sie besuchen, vom Künstlergott Tean Hu Huan Soy bis zum Vegetariergott Kiu Wong (Foto) → S. 66

● *Old Phuket schwarz auf weiß*
Kostenlose Reise in die Geschichte: In der *Old Phuket Gallery* können Sie nicht nur einkaufen, sondern auch sehen, wie es in Phuket Town aussah, bevor die Touristen kamen. Alte Fotos zeigen Ansichten der Stadt aus jener Zeit, als hier noch Rikschafahrer radelten → S. 70

● *Majestätischer Turm*
Zu Ehren des Königs wurde der *Leuchtturm auf dem Kap Promthep* erbaut. Er bietet nicht nur einen grandiosen Ausblick auf Phukets Südküste, im Innenraum können Sie gratis Sextanten und Seekarten bestaunen → S. 64

● *Buddha im Boden*
Dieser Erleuchtete ist absolut sehenswert: Der *goldene Buddha im Wat Phra Thong* ist fest verwurzelt im Boden – nur sein Oberkörper ragt heraus. Der Legende nach stirbt jeder, der versucht, die Statue auszugraben. Diese Attraktion gibt's zum Nulltarif → S. 37

●●●● Diese Punkte zeichnen in den folgenden Kapiteln die Best-of-Hinweise aus

TYPISCH PHUKET
Das erleben Sie nur hier

● *Koloniales Flair*
Thailand war nie eine Kolonie, aber in *Old Phuket Town* können Sie trotzdem koloniale Atmosphäre schnuppern. Beim Bummel durch die Altstadt entdecken Sie viele historische Gebäude im sino-portugiesischen Stil. Ein Schmuckstück neben dem anderen finden Sie in der Soi Rommani → S. 67

● *Ritt auf den Wellen*
Ein Ritt auf den Wellen von Strand zu Strand oder zu einer vorgelagerten Insel gehört zu Phuket wie der Sand am Meer. Am Rawai Beach wartet eine ganze Armada von *Longtails* auf Sie → S. 21

● *Lassen Sie's krachen*
Buddhistische Klöster sind in Thailand gemeinhin Orte der Stille. Aber im *Wat Chalong* gibt es gehörig was auf die Ohren. Besucher entzünden Ketten von Knallkörpern – aus Dankbarkeit für erfüllte Wünsche. Auch Sie dürfen es im Kloster krachen lassen, das Feuerwerk kann an Ort und Stelle gekauft werden → S. 59

● *Unter Segeln in der Andamansee*
Die *Andamansee* ist Asiens Segelrevier Nr. 1. Und nirgendwo gehen mehr Yachten vor Anker als vor Phuket. Gehen Sie an Bord! Private Segler hängen an den Schwarzen Brettern der Lokale in den Buchten von Ao Sane und Chalong sowie am Nai Harn Beach Offerten für Törns aus → S. 92

● *Von Bar zu Bar*
Was die Reeperbahn für Hamburg, ist die *Soi Bangla am Patong Beach* für Phuket. Hunderte von Bars reihen sich aneinander, die meisten nur ein Tresen mit Dach drüber. Ein schrilleres Panoptikum des Nachtlebens mit allabendlicher Karnevalsstimmung wird Ihnen nirgendwo sonst in Thailand geboten. Und keine Bange, auch Touristinnen sind überall willkommen → S. 54

● *Absolut schmerzfrei*
Sie treiben sich Spieße und Haken ins Fleisch und verspüren keinen Schmerz. Die Pilger beim *Vegetarier-Festival* in Phuket Town sind in Trance. Nicht auszuschließen freilich, dass manchem westlichen Zuschauer schon das Hingucken weh tut (Foto) → S. 99

BEST OF ...

SCHÖN, AUCH WENN ES REGNET
Aktivitäten, die Laune machen

REGEN

● *Schulstunde in Geschichte*
Chinesische Einwanderer haben Phukets Geschichte geprägt. Wenn es draußen nass ist, können Sie sich im *Thaihua Museum*, einer umgebauten, chinesischen Schule, darüber informieren, woher sie kamen und wie sie lebten → **S. 68**

● *Selbst ist der Koch*
Ran an den Wok! In *Pum's Cooking School* am Patong Beach lernen Sie, wie das Curry cremig wird und die Garnelensuppe ihre Würze kriegt → **S. 52**

● *Shop until you drop*
Im *Jungceylon* vergeht ein Regentag wie im Fluge. Phukets größtes Shoppingcenter mit über 300 Läden und einem Kaufhaus verführt selbst Einkaufsmuffel zum Kaufrausch. Und falls Sie Hunger kriegen, können Sie sich in einem der vielen Restaurants stärken (Foto) → **S. 53**

● *Unter der Erde*
Unter der Erde gibt es keine Regenwolken! Im *Phuket Tin Mining Museum* wurden Zinnminen nachgebaut, inklusive lebensgroßen Minenarbeitern → **S. 73**

● *Alter Glanz in einer musealen Lobby*
Das *Thavorn Hotel* in Phuket Town hat im Lauf der Jahre einen Stern nach dem anderen eingebüßt. Aber seine nostalgische Lobby ist ein wunderbarer Ort, um einem trüben Tag zu entkommen. Kein Wunder, dass ein Teil davon als „Museum" deklariert wird → **S. 70**

● *Unter Haien*
Keine Angst, wenn Sie schon das Weiße im Auge der Haie sehen können. Der gläserne Tunnel, der durch das Becken des *Phuket Aquariums* führt, ist stabil. Und auch Schwärmen von kleinen Korallenfischen können Sie hier ganz nahe sein → **S. 61**

ENTSPANNT ZURÜCKLEHNEN
Durchatmen, genießen und verwöhnen lassen

● **Wo Milch und Honig fließen**
Tauchen Sie ein in das elegante *Spa des Marriott-Resorts* am Mai Khao Beach, baden Sie in Milch und Honig oder in einem Arrangement von duftenden Blüten (Foto). Zu zweit macht's doppelt Spaß. Paare können beim Romantic-Verwöhnpaket gemeinsam entspannen → S. 45

● **Happy über der Bucht**
Ein Mojito als Sundowner passt immer. Besonders dann, wenn man dazu noch eine grandiose Aussicht hat. So wie auf dem Quarterdeck des *Royal Phuket Yacht Clubs* hoch über der Bucht von Nai Harn. Zur Happy Hour gibt es zwei Drinks zum Preis von einem → S. 63

● **(Fast) ganz allein am Strand**
Ja, es gibt noch Strände auf Phuket, an denen Sie die Besucher beinahe an einer Hand abzählen können. Nur wenige Touristen verirren sich in die verwilderte Bucht von *Hin Kruai*. Mehr Robinsonfeeling können Sie auf der Insel sonst nirgendwo erleben → S. 47

● **Pralinen im Yachthafen**
Die Cappucino-Pralinen schmelzen auf der Zunge, und die Himbeeren auf weißer Schokolade sind mit einem Hauch von Chili gewürzt. In der *Watermark Patisserie* in der Boat Lagoon schmeicheln Leckereien dem Gaumen, und das Auge darf sich an den Yachten erfreuen → S. 73

● **Urlaub für die Seele**
Einfach mal die Augen schließen und die Gedanken ziehen lassen wie Wolken am Himmel. *Island Yoga* auf Ko Yao Noi bietet bei Meditation und Yoga Entspannung für Geist und Körer → S. 80

● **Luxus am Beach**
Der schneeweiße Kata Beach ist allein schon wunderbar. Darf es dazu noch etwas Luxus sein? Dann ist der schicke *Re Ka Ta Beachclub* die richtige Adresse. Bequeme Sonnenbetten, leichte Küche, viele Kaffeesorten – heiß oder auf Eis. Und wenn es Ihnen im Meer zu salzig ist, können Sie auch im Pool schwimmen → S. 43

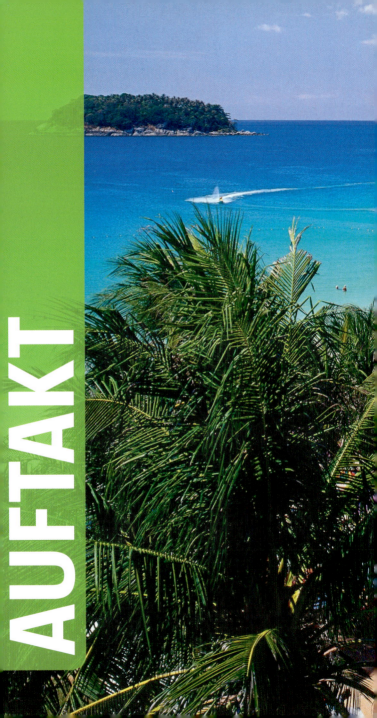

AUFTAKT

ENTDECKEN SIE PHUKET!

Traumhafte Strände und Dschungel, bunte Märkte und gigantische Shoppingtempel, schrilles Nachtleben und eine Inselmetropole, deren Altstadt sich immer mehr in ein Freilichtmuseum voller Leben verwandelt – kein Wunder, dass Phuket als Urlaubsziel so beliebt ist. Die ganze Welt ist hier zu Gast. Über fünf Millionen Touristen lockt die Insel pro Jahr an. Superreiche gehen mit ihren Luxusyachten vor Anker, und auch ganz normale Menschen spannen auf Phuket aus, feiern und lernen von den Thais, dass das Leben einfach schöner ist, wenn man es mit einem Lächeln lebt.

Die orangefarbenen Roben der Mönche glühen im Licht der Morgensonne. In filigranen Tempeln knien Gläubige vor goldglänzenden Buddhastatuen, in ihren gefalteten Händen halten sie Lotosblüten. Fischer binden bunte Tücher an den Bug ihrer Boote, und Taxifahrer hängen duftende Kränze aus Jasmin und Orchideen an die Rückspiegel ihrer knatternden Tuk Tuks, der vierrädrigen Minitaxis. All das soll zu Wasser wie zu Land Glück bringen und Unheil abwenden. In schnurgeraden Reihen stehen Gummibäume in weiten Plantagen, Kokospalmen werfen gefiederte Schatten auf

Bild: Kata Yai Beach

Von verspielter Leichtigkeit: liegender Buddha im Tempel Wat Sirey nahe Phuket Town

schneeweiße und goldgelbe Strände. In kleinen Buchten wachsen Korallen bis fast ans feinsandige Ufer. Das Meer zieht sich wie ein kornblumenblauer Teppich bis zum Horizont. Wenn Sie eintauchen, schwimmen Sie wie in einem riesigen Aquarium. Fische, so bunt wie Konfetti, lassen sich fast mit der Hand streicheln. Die ganze Farbenpracht der Tropen! Über und unter Wasser bereitet sie auf dieser Insel ein Fest fürs Auge.

> **Fische, so bunt wie Konfetti, lassen sich fast streicheln**

Phuket ist Thailands größte Insel: 48 km lang, 22 km breit. Aber mit ihren 543 km^2 Gesamtfläche (zum Vergleich: Die Insel Rügen misst 926 km^2, der Stadtstaat Singapur 640 km^2) ist sie auch die zweitkleinste von den 76 Provinzen des Königreichs. Wirtschaftlich hingegen liegt das wichtigste Urlaubsziel des Landes weit vorn. Nur in der 860 km entfernten Hauptstadt und Industriemetropole Bangkok verdienen

1518
Portugiesen gründen die erste Zinnhandelsstation

1681
König Narai ernennt den französischen Missionar René Charbonneau zum Gouverneur von Phuket

1785
Burmesische Invasoren belagern die damalige Hauptstadt Thalang. Thai-Frauen verkleiden sich als Soldaten, die Burmesen glauben an eine Übermacht und ziehen wieder ab

1809–1812
Burmesische Truppen landen noch dreimal auf Phuket, brennen Thalang nieder und richten ein Blutbad an

AUFTAKT

die Menschen mehr als auf Phuket. Viele der 340 000 Einwohner haben es, für thailändische Verhältnisse, zu beträchtlichem Wohlstand gebracht. Sie wohnen nicht mehr in hölzernen Pfahlbauten, sondern in gemauerten Häusern. Zur Arbeit fahren sie mit dem Motorrad oder mit dem eigenen Auto. Aber nicht erst der internationale Tourismus hat auf Phuket den Bauboom ausgelöst und Motorradlawinen losgetreten. In Thailand galt die Insel der Zinnschürfer, Fischer und Kautschukpflanzer schon als reich, noch bevor in den 1970er-Jahren die ersten Rucksackreisenden aus dem fernen Europa an einsamen Stränden in Palmlaubhütten zogen.

Im Jahr 1903 wurden die ersten Gummibäume auf Phuket gepflanzt, doch früher schon hatte ein anderes, millionenschweres Geschäft das Gesicht der Insel verändert: der Abbau von Zinn. Die beginnende Industrialisierung in Europa ließ im 19. Jh. den Bedarf an Zinn sprunghaft ansteigen. So strömten Tausende chinesische Kulis aus Malaysia nach Phuket, um in den Minen zu schuften. Heute ist rund ein Viertel der Einwohner Phukets chinesischer Abstammung. Noch 1977 verdiente die Insel mit Zinn doppelt so viel wie mit dem Tourismus. Erst mit dem Zinnpreisverfall in den 1980er-Jahren kam der Abbau zum Erliegen.

Auch die Vorfahren der moslemischen Fischer sind einst als Tagelöhner aus Malaysia eingewandert. Mit den Chinesen und den ethnischen Thais, die um die Jahrtausendwende aus Südchina ins heutige Thailand einwanderten, sind sie stolze *Khon Phuket*, Phuket-Bürger, die in Frieden miteinander auskommen. Nur eine kleine Gruppe fristet nach wie vor ein Dasein am Rande: die *Chao Leh* (wörtlich: Meeresvolk, auch Seezigeuner genannt). Sie zählen zu den ersten Menschen, die sich an Phukets Gestaden niedergelassen haben, aber über ihre Herkunft rätseln Ethnologen bis heute.

1897	1903	1906	1950	1976	1980–1990	2001
Eröffnung der ersten Schule	Die ersten Gummibaumsetzlinge werden gepflanzt	Erste schwimmende Zinnschürfplattform vor Phuket	Erste Brücke zum Festland	Eröffnung des internationalen Flughafens	Bauboom am Patong Beach	Der letzte noch unbebaute Strand wird bebaut

Die Geschichte einer multikulturellen Gesellschaft zeigt sich auch in den Stätten des Glaubens. Die moslemischen Thais beugen sich in weiß getünchten Moscheen gen Mekka. Die buddhistischen Thais falten ihre Hände in den *wat*, farbenfrohen Tempeln von nahezu verspielter Leichtigkeit. Nicht minder bunt und dazu noch mit Drachenköpfen geschmückt sind die chinesischen Tempel *(sanjao)*, unter deren roten Dächern sowohl Buddhismus wie Taoismus zu Hause sind.

An den einstigen Reichtum der Zinn- und Gummibarone erinnern in Phuket Town noch einige prächtige Anwesen im sino-portugiesischen Baustil mit kunstvoll gestalteten Balustraden und Säulen, Stuckfassaden und Rundbogenfenstern. Mit seinen 70 000 Einwohnern ist Phuket Town das administrative wie historische Zentrum der Insel. Aber so manche Touristen schaffen es selbst in ein paar Wochen Urlaub nicht bis in die Metropole – weil sie einfach nicht loskommen von den Stränden.

Auch auf anderen Inseln in Südostasien können sich Urlauber in den warmen Sand legen, aber nirgendwo sonst finden sie gleich anderthalb Dutzend Strände dieser Güte wie auf Phuket. Dabei mag der Traumstrand des einen der Albtraum des anderen sein. Aber das macht den Reiz von Phukets Stränden aus: Sie bieten Ruhe genauso wie Remmidemmi. Wer mag, kann sich z. B. am Patong Beach unter einen Wald von Sonnenschirmen in die Menge legen und sich nachts in 1001 Bars mit Diskomusik volldröhnen lassen. Sie können aber auch, etwa am Südende vom Bang Tao Beach, den Fischern zuschauen, wie sie fangfrischen Fisch aus ihren kleinen Booten wuchten. Die Musik zur Nacht wird hier noch von den Zikaden gespielt, und das Nightlife beschränkt sich weitgehend auf die Betrachtung des Sternenhimmels.

> **Phukets Strände bieten Ruhe genauso wie Remmidemmi**

Phuket ist eine der schönsten Perlen unter den Urlaubszielen Südostasiens. Die Spuren des Tsunami von 2004 sind längst beseitigt. Das gilt auch für die anderen Urlaubsziele in Südthailand. Fährboote pflügen in anderthalb Stunden zu den beiden Inseln von Phi Phi. Die zwei Schwestern sind Winzlinge – und dramatisch schöne Schöpfungen der Natur. Senkrecht und hoch wie Wolkenkratzer erheben sich Kalksteinmassive über weiße Sandstrände und spiegeln sich im klaren Wasser. Soviel

2004
Der Tsunami tötet in Südthailand 5395 Menschen, darunter 2436 ausländische Urlauber. Auf Phuket sterben 250 Menschen

2007
Die Zahl der Phuket-Touristen klettert erstmals über die 5-Mio.-Grenze

2010
Geldregen für Phukets Infrastruktur: Die Regierung spendiert 340 Mio. Euro für Straßen, Flughafenerweiterung und Messezentrum

2012
Das Kulturtheater Siam Niramit startet seine Shows mit 150 Akteuren auf einer Megabühne

AUFTAKT

Beachvolleyball auf Ko Phi Phi: Da wirft man sich gern in den puderzuckerfeinen Sand

landschaftliche Schönheit zieht Besucher in Massen an. Seit Leonardo DiCaprio hier war und den Aussteigerfilm „The Beach" gedreht hat, ist Ko Phi Phi zur Party-Insel geworden. In der Tourismuswerbung wird sie gern als eine der zehn schönsten Inseln der Welt angepriesen. Wer sich mit Besuchermassen durch das eng bebaute Inseldorf schiebt, mag daran zweifeln, aber außerhalb des Hauptorts gibt es auf Phi Phi ruhige Plätzchen, an denen Sie die traumhafte Natur genießen können – über wie unter Wasser, denn die Insel und die Eilande drum herum sind ein Tauchparadies.

Absolut ruhig geht es auf zwei anderen Inselschwestern zu, die noch näher bei Phuket liegen: Ko Yao Noi und Ko Yao Yai. Beide sind grüne Oasen im Meer, noch weitgehend von Dschungel über-

Ko Yoa Noi und Ko Yao Yai sind grüne Oasen

wuchert. Die Einheimischen leben vor allem vom Fischfang und als Gummizapfer, Touristen verlieren sich hier wie die Rosinen im Kuchen. Wenn Sie gern durchs Grüne radeln, Yoga machen, Nashornvögel beobachten oder einfach in der Hängematte die Seele baumeln lassen wollen, sind dies perfekte Eilande dafür. Auf den Yao-Inseln bekommen Sie eine Ahnung davon, wie Phuket mal war, bevor die fremden Besucher in Scharen kamen. Sie betreten touristisches Neuland – ohne Bierbars, ohne Liegestühle am Strand und ohne mehrsprachige Werbeplakate.

Auf Phuket und den Inseln haben Sie eine höchst angenehme Qual der Wahl. Ob Ruhe oder Rummel, ob Show oder Natur – die Inselwelt der Andamansee bietet all das. Zum nächsten Strand ist es nie weit, und Menschen, die Ihnen ein Lächeln schenken, sind immer ganz nah.

IM TREND

1 Gut gestylt

Hingucker Die kleinen Extras am Tellerrand werden häufig bewundert. Jetzt können Sie lernen, wie sie selbst aus Karotte, Melone oder Rettich essbare Kunst schnitzen. In Pats Fruitstyling-Kurs *(Pat's Home Thai Cooking 26/4 Kwang Road, Phuket)* oder der *Phuket Thai Cookery School (39/4 Thepatan Rd., Phuket Town)* lernen Sie innerhalb ein paar Stunden, wie eine Blüte entsteht. *Phuket Easytour (www.phuket easytour.com)* organisiert einmal wöchentlich Kochkurse, die auch das kunstvolle Schneiden beinhalten.

2 Ritt auf der Welle

Wellenreiten Phukets Westen und vor allem der Kata Beach entwickelt sich zum Ziel der Surfer. Hier liegen auch der *Surf Shop Nautilus (www.surfin phuket.com)*, *Phuketsurf (www.phuketsurf.com)* und die bei Surfern beliebte *Ska Bar* sowie das *The Tube*. Schließlich muss nach dem Tanz auf der Welle relaxt werden. Wer nicht nur ein Brett leihen, sondern das Wellenreiten lernen will, wendet sich an die *Phuket Surf School (www.saltwater-dreaming.com)* am Surin Beach.

3 Schutz-Schild

Tierschutz Mit der Tierliebe nach europäischem Standard tun sich die Thais häufig noch schwer. Das Bewusstsein wächst jedoch! Bester Beweis ist die *Turtle Foundation (Foto)* des *JW Marriott Phuket Resort*. Hier wird informiert und ganz praktisch geholfen. Schildkrötennester werden bewacht oder in die Aufzuchtstation des Meeresbiologischen Instituts im *Phuket Aquarium* gebracht. Ebenfalls engagiert: Im *Resort Aleenta (Natai, www.aleenta.com)* werden Einheimische als Schildkrötenwächter geschult.

Auf Phuket gibt es viel Neues zu entdecken. Das Spannendste auf dieser Seite

In den Baumwipfeln

Übernacht Fernblick garantiert, heißt es in den rustikalen Baumhäusern von *Tree Tops Jungle Safari (123 Moo. 6, Klong Sok, www.treetops.co.th, Foto)*. Auf hohen Stelzen gebaut und über eine bequeme Treppe zu erreichen, bekommen die Gäste hier den Überblick über den Khao Sok Nationalpark. Und sie können mit ihm teils auch auf Tuchfühlung gehen: Durch manche Hütten wächst der Baum noch hindurch. Ein Baumhaus der ganzen anderen Art findet sich im *Angsana Laguna Phuket Kids Club (Bang Tao Bay, www.angsana.com)*. Das quietschbunte Baumhaus hält die jungen Urlauber mit Spielen und Basteleien bei guter Laune, während die Eltern neue Kraft tanken. Sogar ein Baumhaus-Café mit gesunder Kinderkost gibt es dort.

Auf ein Neues

Recycling Langsam setzt sich auch die Idee des Recycling immer mehr durch – auch in der Kunstszene. So gestaltet Somrak Maneemai aus Treibholz, Metallresten oder Altglas kunstvolle Hingucker, die noch ins Urlaubsgepäck passen. Ausgestellt werden sie in der *Red Gallery (Soi Naya 2, Rawai)*. Auch die Lokale der Region lieben den Recyclelook. So wie das angesagte Restaurant *Brush (Kalim Beach, Patong, www.brushphuket.com, Foto)*, dessen Wände mit altem Holz getäfelt sind und das mit allerhand kuriosem Schnickschnack für ein schönes Ambiente sorgt. Das eine oder andere Stück wurde vielleicht auf dem *Recycled Art Fair (www.myseek.org)* entdeckt, einer Messe der lokalen seek-Organisation.

Bild: Kao Phra Thaeo Nationalpark

STICHWORTE

AFFEN & CO.
Nur noch sieben Prozent der Fläche Phukets sind von Dschungel bedeckt. Das größte zusammenhängende Waldgebiet ist der *Kao Phra Thaeo Wildlife Park* im Nordosten der Insel. Durch das 22 km² große Schutzgebiet streifen Stachelschweine, Wildschweine und Zwergrehe, die Besucher bekommen sie allerdings fast nie zu Gesicht. Durch das Geäst hangeln ebenfalls sehr scheue Gibbons und Makaken, über dem Dschungel kreist hin und wieder ein Nashornvogel. Kobras und Pythons schlängeln sich auch außerhalb des Schutzgebiets durch das Unterholz, aber da sie den Menschen als ihren schlimmsten Feind normalerweise meiden, sehen die meisten Urlauber diese Reptilien nur in der Schlangenfarm in Chalong. Frei lebenden Tigern, Leoparden oder Elefanten wurde auf Phuket schon längst der Garaus gemacht. Immer seltener werden Meeresschildkröten, aber noch buddeln alljährlich im Dezember und Januar einige dieser urzeitlichen Tiere an den Stränden von Nai Yang und Mai Khao große Löcher in den Sand, um darin ihre pingpongballgroßen Eier abzulegen. Artenreicher ist die Fauna unter Wasser. Die Gewässer um Phuket sind exzellente Tauchgründe, in denen man vom Korallenfisch bis zum Walhai eine faszinierende Unterwasserwelt entdecken kann.

Die Flora auf Phuket hat wie die Tierwelt durch extensive landwirtschaftliche Nutzung und den Zinnabbau stark gelitten. Kokospalmen, langnadelige Kasuarinabäume und die in schnurgeraden Paral-

Longtails und Mangrovenwälder, Buddhismus und Prostitution – Phuket ist eine Insel mit vielen Gesichtern

lelreihen gepflanzten Gummibäume sind über die ganze Insel verteilt. Eine Rarität ist die Palmenart *Lahng Khoa* mit ihren schwarz geäderten und an der Unterseite weißlichen Blattfächern. Sie wurde bislang nur im *Kao-Phra-Thaeo-Schutzgebiet* und im *Khao Sok National Park* auf dem südthailändischen Festland entdeckt. Das artenreiche Ökosystem der Mangrovensümpfe können Besucher trockenen Fußes betrachten: von Plankenwegen auf Stelzen im *Sirinat National Park* im Nordwesten der Insel.

FALANG
Wenn Thais von *falang* sprechen (manchmal auch *farang* geschrieben, weil das R wie ein L ausgesprochen wird), meinen sie damit alle Ausländer mit weißer Haut. Vermutlich handelt es sich dabei um eine Verballhornung des englischen Wortes *foreigner* (Fremder).

GEISTERHÄUSER
Sie sehen aus wie Miniaturtempel und stehen auf Podesten vor Wohnhäusern ebenso wie vor Geschäften, Hotels

und Banken – eigentlich überall. Denn auch Geister können überall lauern. Und ihnen sollen die bunten Minitempel eine Heimstatt bieten. Der Glaube an Geister *(phii)* ist bei den Thais tief verwurzelt und

Bunter Minitempel: Den Geistern werden hier Opfergaben gebracht

älter als der Buddhismus. Mit Opfergaben wie Blumen, einem Schälchen Reis oder einem Glas Wasser sollen die unsichtbaren Nachbarn milde gestimmt und vom Umherirren abgehalten werden. Auch ein Gruß für die Geister kann nie schaden. Viele Thais falten die Hände zu einem *wai*, wenn sie an besonders markanten Geisterhäusern vorbeigehen. Und wenn sie im Auto sitzen, drücken sie auf die Hupe. Ein wahres Hupkonzert ist zu hören, wenn Sie von Phuket Town nach Patong Beach fahren und auf dem Patong Hill am großen Geisterhaus linkerhand vorbeifahren.

GUMMIBÄUME

Die ursprünglich aus Brasilien stammenden Gummibäume wachsen heute in akkurat ausgerichteten Reihen überall in Südthailand. Ein Engländer hatte im 19. Jh. Gummibaumsamen aus Brasilien geschmuggelt und nach Singapur gebracht. Der Gouverneur im südthailändischen Trang war es, der 1901 Gummibaumsetzlinge in siamesischen Boden pflanzen ließ. Von dort aus breiteten sich die Plantagen rasch aus. 1903 begann der Kautschukboom auf Phuket. Heute ist Thailand der größte Produzent der Welt. Die Kautschukgewinnung ist sehr arbeitsintensiv. Lange vor Sonnenaufgang ritzen die Zapfer im Schein ihrer Stirnlampen die Rinde mit einem sichelförmigen Messer an. Über eine kleine Ablaufrinne tropft das weiße Harz in eine an den Baum gebundene, halbierte Kokosnussschale. Nach einigen Stunden kann der Rohkautschuk eingesammelt werden. In einer Art Wäschemangel wird er nach einer Säurebehandlung zu Matten gepresst. Diese werden einige Tage lang zum Trocknen über Stangen gehängt, bevor sie schließlich in Fabriken im In- und Ausland zu Reifen und Kondomen, Badeschlappen und Radiergummis verarbeitet werden.

LONGTAIL

Ein Longtail, also *Langschwanz*, ist nicht etwa eine Affenart, sondern ein offenes Motorboot, das typisch ist für die Küstengewässer in Südthailand. Die Holzboote mit dem hochgezogenen Bug haben ihren Namen (auf Thai: *hang yao*) von den speziellen Außenbordmotoren. Die Schiffsschraube steckt nämlich in einem etwa 1,5 m langen Schaft und senkt sich gleichsam wie die Quaste an einem langen Schwanz hinterm Heck ins Wasser. In den Longtails fuhren früher nur Fischer aufs Meer hinaus, heute

STICHWORTE

transportieren die dröhnenden Wellenreiter immer mehr Touristen die Küste entlang oder auf vorgelagerte Inseln. Am besten Ohrstöpsel mitnehmen oder darauf achten, dass Sie in ein Boot steigen, dessen Motor mit Schalldämpfer bestückt ist. Longtailboote können Sie nur mitsamt Kapitän chartern – was auch besser ist. Der Umgang mit den drehbaren und horizontal angebrachten Außenbordern will gelernt sein. Ein *hang yao* finden Sie an den meisten Touristenstränden auf Phuket. Gleich eine ganze Armada der Wellenreiter wartet am ● Strand von Rawai *(s. S. 64)* auf Fahrgäste.

MANGROVEN

Sie bilden einen Dschungel an Küsten und sind ein artenreiches Ökosystem: Mangrovenwälder sind eine Kinderstube für Fische, Krebse und Garnelen. Mit ihrem Wurzelwerk bilden sie einen natürlichen Schutzwall gegen die Wellen des Meeres und schützen das Land vor Erosion. An der seichten und schlammigen Ostküste finden Mangroven ideale Wachstumsbedingungen. Hier wurden die Wasserbäume schon immer gefällt, um daraus Holzkohle zu gewinnen – was die Natur auch weitgehend verkraften konnte. In der jüngeren Vergangenheit aber war der Kahlschlag besonders heftig, weil großflächig Garnelenfarmen angelegt wurden. Die Bedeutung von intakten Mangrovenwäldern für die Umwelt ist aber inzwischen erkannt worden. Die Regierung in Bangkok bewilligte z. B. 2012 rund 5 Mio. Euro für einen Straßenbau an der Ostküste. Um einen Mangrovenwald nahe Phuket Town so weit wie möglich zu schützen, wird die Straße auf Stelzen gebaut. Die Premierministerin persönlich war vor Ort, um sich über das Projekt informieren zu lassen.

MEERESVOLK

Die sogenannten Seezigeuner *(sea gypsies)* bezeichnen sich selbst als *Chao Leh*, Meeresvolk. Früher als Piraten gefürchtet, leben heute nur noch einige Tausend auf Phuket und ein paar anderen Inseln in der Andamansee. Die klein gewachsenen Menschen haben eine fast schwarze Haut und krauses Haar. Ihre Herkunft ist unklar. Eine Theorie besagt, dass sie von den Negritos auf den zu Indien gehörenden Inseln der Andamanen und Nikobaren abstammen. Auch wenn der Begriff Seezigeuner alle drei ethnischen Gruppen (Moken, Moklen, Urak Lawoi) umfasst, so sind doch nur die wenige Hundert Köpfe zählenden Moken wirkliche Seenomaden, die von dem leben, was sie aus dem Meer holen: Perlen, Korallen, Muscheln, Fische. Die beiden anderen Volksgruppen sind Fischer und Sammler geblieben, aber mittlerweile sesshaft geworden. Angehörige der Urak Lawoi wohnen in zwei armseligen Siedlungen auf Ko Sirey und am Strand von Rawai. Wer den Menschen etwas

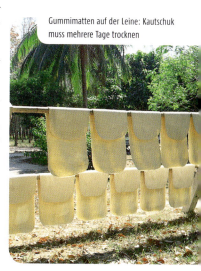

Gummimatten auf der Leine: Kautschuk muss mehrere Tage trocknen

zukommen lassen will, kann ihnen Fisch abkaufen – aber keine Korallen, denn der Handel damit ist verboten.

MONARCHIE

Seit dem Staatsstreich von 1932 ist Thailand eine parlamentarische Demokratie, aber das Königshaus und insbesondere König Bhumibol Adulyadej, Rama IX., genießen höchstes Ansehen.

teilt. Viele Minderjährige stammen aus Burma, Laos und Südchina und wurden mit dem Versprechen auf einen Job aus ihrer Heimat gelockt. Das Zentrum der Prostitution auf Phuket ist der Patong Beach. In Hunderten von Bars warten hier sogenannte Bargirls auf Kunden, die ihnen einen Drink spendieren, sie für eine Nacht mitnehmen oder gar den ganzen Urlaub mit ihnen verbringen. Und nicht

Anzünden von Räucherstäbchen: Opferrituale gehören zum religiösen Alltag der Thais

Der König hält sich aus der Tagespolitik heraus, aber niemand kann Politik gegen den König machen. Sein Wunsch wird als Befehl verstanden.

PROSTITUTION

Die Zahl der Prostituierten liegt in Thailand nach Schätzungen zwischen 200 000 und 800 000. Prostituierte riskieren für das öffentliche Anbieten ihrer Dienste maximal eine Strafe von 1000 Baht. Freier, die sich mit Minderjährigen (unter 18) einlassen, müssen mit bis zu 20 Jahren Gefängnis rechnen. Seit einigen Jahren geht die Polizei verstärkt gegen Kinderprostitution vor. Täter werden auch durch deutsche Gerichte verurselten enden solche Verbindungen mit einer Eheschließung im Heimatland der Urlauber. Diese jungen Frauen stammen zum größten Teil aus dem armen Nordosten des Landes. Sie prostituieren sich in der Hoffnung auf ein Einkommen, das sie z. B. als Fabrikarbeiterinnen niemals erzielen könnten. Gleichwohl empfinden sie es als Beleidigung, wenn man sie als Prostituierte bezeichnet.

RELIGION

Knapp drei Viertel der Phuket-Insulaner sind Buddhisten (landesweit 95 Prozent), ein Viertel Moslems. Verschleierte Frauen sieht man aber höchst selten. Im Zusammenleben der Religio-

STICHWORTE

nen gibt es keine Probleme. Viele junge buddhistische Männer gehen für ein paar Wochen als Mönche auf Zeit ins Kloster.

UMWELTSCHUTZ

Eine intakte Umwelt ist für eine Ferieninsel wie Phuket das größte Kapital. Allerdings hat gerade der durch den Tourismus ausgelöste Bauboom die Natur stark beeinträchtigt. Der Grundwasserspiegel sinkt, der Energieverbrauch steigt, und über fünf Millionen Urlauber pro Jahr produzieren auch jede Menge Müll. Die ersten, die erkannt haben, wie wichtig der Schutz der Umwelt ist (und wie man damit selbst Geld sparen kann), sind Betreiber von Resorts. Immer häufiger bitten sie ihre Gäste darum, die Handtücher nicht täglich wechseln zu lassen. Dass Klimaanlagen automatisch abgeschaltet werden, wenn der Gast das Zimmer verlässt, ist mittlerweile fast überall Standard.

Ein besonders Problem auf Phuket (wie in ganz Thailand) ist der enorme Verbrauch von Plastiktüten. Fast reflexartig werden selbst kleinste Einkäufe an den Kassen der Geschäfte vom Personal in Plastik eingetütet. Die Provinzregierung startete deshalb im Februar 2012 die „Phuket plastic bag free campaign" und begann damit, 840 000 Einkaufsbeutel aus Stoff zu verteilen. Aber alte Gewohnheiten verschwinden nicht von heute auf morgen. Dass Einheimische wie Urlauber mit Jutebeuteln oder Körben zum Shopping gehen, ist nach wie vor die Ausnahme. Auch an den zahllosen Garküchen werden Snacks zum Mitnehmen in Plastik oder Styropor verpackt. Und diese Verpackungen werden oft einfach wild entsorgt, am Straßenrand wie am Strand. Dieses gedankenlose Wegwerfen von Abfall hat allerdings nicht nur mit dem fehlenden Umweltbewusstsein zu tun – was ebenfalls oft fehlt sind öffentliche Mülleimer an Plätzen, die von vielen Menschen besucht werden.

UNTERSTRÖMUNGEN

Besonders in der Monsunzeit zwischen Mai und Oktober/November wird das Meer an Phukets Westküste für Urlauber oft zur Todesfalle. Zu Beginn des Monsuns 2012 ertranken innerhalb von vier Wochen sechs Touristen. Von Unterströmungen erfasst, waren sie auf das Meer hinausgezogen worden. Diese Unterströmungen gleichen Flüssen im Meer und treten auch dann auf, wenn die Wellen nicht hoch sind. Die örtlichen Behörden haben an der Westküste Warntafeln in sieben Sprachen aufgestellt und betonen ausdrücklich, dass rote Flaggen an den Stränden höchste Gefahr signalisieren und unbedingt beachtet werden sollten.

WAI

Thais begrüßen sich nicht per Handschlag, sondern mit einem *wai*. Dabei werden die Hände vor der Brust gefaltet, mit den Fingerspitzen nach oben. Das hört sich einfacher an, als es ist, denn ein *wai* ist nicht nur Begrüßungsgeste. Man kann so auch Dank sagen, um Verzeihung bitten, jemandem Respekt erweisen. Dabei ist wichtig, wie hoch die Hände gehalten werden und wer seinen *wai* zuerst macht. Jemand von niedrigerem sozialem Stand grüßt zuerst den Ranghöheren, ein jüngerer Mensch zuerst den älteren. Die höchsten *wai* mit den Fingerspitzen über dem tief geneigten Kopf sind der Königsfamilie und Mönchen vorbehalten. Kein Thai verübelt es Touristen, wenn dessen *wai* nicht ganz korrekt ausfällt. Sie sollten aber mit der Geste sparsam umgehen und z. B. nicht das Hotelpersonal damit konfrontieren. Ein leichtes Kopfnicken als Erwiderung auf einen *wai* genügt. Wenn Sie den *wai* eines Bettlers erwidern, machen Sie sich lächerlich.

ESSEN & TRINKEN

So international wie die Besucher sind, ist auch die Küche auf Phuket. Wer mag, kann hier Palatschinken, Pizza oder Paella essen. Wer aber mit dem Gaumen auf Entdeckungsreise gehen will, sollte unbedingt die leichte, frische und überaus aromatische Küche der Thais probieren.

An jeder Ecke dampft und brutzelt es in kleinen Kneipen. Fahrbare Garküchen parken am Straßenrand, Köchin oder Koch stellen ein paar Hocker und Tischchen auf den Gehsteig, fertig ist das Open-Air-Restaurant. Für ein paar Baht gibt es Nudelsuppen mit Huhn oder Ente, gebratenen Reis mit Krabben, süße Pfannkuchen mit Ananas.

Die fettarme thailändische Küche ist so gesund, dass Ernährungswissenschaftler ihre helle Freude daran haben. Fleisch wird recht sparsam verwendet, eher schon kommen Geflügel und Meeresfrüchte auf den Teller. Dazu viele Gewürze und Kräuter. Gemüse wird nur kurz gegart und bleibt somit knackig und vitaminreich. Zudem ist die Landesküche dem tropischen Klima perfekt angepasst. Chilischarfe Speisen sind Medizin gegen Bakterien und bringen den durch hohe Luftfeuchtigkeit strapazierten Kreislauf in Schwung. Die Gerichte sind leicht und liegen nicht schwer im Magen.

Thai-Gerichte kommen schon in mundgerechten Stücken auf den Teller. Gegessen wird mit dem Löffel in der rechten Hand. Lediglich Nudelgerichte – auch Suppen! – werden mit Essstäbchen gereicht. Ein typisches Thai-Menü kann aus

Bild: Shrimps mit Reis und scharfer roter Soße

Höllisch scharf und himmlisch gut – thailändisches Essen ist nicht nur leicht und gesund, sondern auch noch sehr lecker

Speisen in bis zu fünf Geschmacksrichtungen bestehen. Diese Kombination regt die Geschmacksnerven an. Dazu gehört ein großer Topf mit Reis. Jeder bedient sich selbst. Es gilt als unhöflich, sich alle Zutaten auf einmal auf den Teller zu häufen.

Feste Essenszeiten für *Lunch* (11.30–14 Uhr) und *Dinner* (18.30–22 Uhr) gibt es nur in den gehobenen Restaurants.

Auf Phuket wie überall im Süden Thailands hat man auch das benachbarte Malaysia auf der Zunge. So z. B. beim *gaeng massaman*, einem roten Curry mit Rindfleisch, Erdnüssen und Kartoffelstückchen. Auf einer Insel wird natürlich mit besonderer Vorliebe das verspeist, was das Meer hergibt. Allerdings sind die Küstengewässer schon weitgehend leer gefischt, und so stammt auch der berühmte *Phuket Lobster* (kein Hummer, sondern eine Languste) meist aus Aquafarmen. Ihre kleineren Verwandten, die Garnelen *(gung)* stammen sogar fast durchweg aus einer der Farmen, die an vielen Küsten und auch auf Phuket selbst angelegt wurden.

SPEZIALITÄTEN

▶ **gaeng kiau wan gai** – Das grüne Curry mit Hühnchenfleisch und Auberginen ist eine schweißtreibende Gaumenfreude. Schmeckt leicht süßlich *(wan)*
▶ **gung hom pa** – Garnelen im Teigmantel. Man stippt sie in Tartarsoße oder in eine süßsaure Essigbrühe mit Chiliringen (Foto li.)
▶ **kao pat** – Gebratener Reis ist zwar kein kulinarischer Höhepunkt, aber eine solide Mahlzeit. Zubereitet wird er mit Ei *(kai)* und Gemüse *(pak)*. Weitere mögliche Zutaten sind Krabben *(gung)*, Schweinefleisch *(mu)* oder Huhn *(gai)*
▶ **kui tiao nam** – Die Nudelsuppe ist Thailands beliebteste Zwischenmahlzeit. Garküchen bieten sie an jeder Ecke an. Meist mit Schweinefleisch *(mu)* oder Huhn, ganz besonders gut schmeckt sie aber mit Ente *(pet)*
▶ **plamuk tohd katiam pik thai** – Tintenfischstückchen, gebraten mit Knoblauch und Pfeffer (nicht scharf), immer ein leckerer Snack
▶ **pla piau wan** – Die Soße zum gebratenen Fisch süßsauer wird mit viel buntem Gemüse und Ananasstückchen angerichtet
▶ **som tam** – Salat aus dünnen Streifen von noch grüner Papaya. Zubereitet wird er auch mit Cocktailtomaten, getrockneten Krabben, kleinen Krebsen und viel Chili. Dazu passt rohes Gemüse, Klebreis und über Holzkohlenfeuer gegrilltes Huhn *(gai pat)*
▶ **tom kha gai** – Die Suppe mit Hühnchenfleisch in Kokosmilch ist ein exotischer Genuss. Vorsicht: In der würzigen Brühe schwimmen auch Chilischoten
▶ **tom yam gung** – Die säuerliche Garnelensuppe ist Thailands inoffizielles Nationalgericht. Zitronengras verleiht ihr den unverwechselbaren Geschmack, reichlich Chili die Schärfe. Dazu darf Reis nicht fehlen
▶ **yam wunsen** – Glasnudelsalat mit Kräutern, Garnelen und Schweinehack. Chilischarf (Foto re.)

Thais lieben scharfes Essen. In Touristenlokalen geht man sparsamer mit Chili um. Vorsichtshalber können Sie bei der Bestellung aber ein *mai peht* (nicht scharf) angeben. Standardgerichte wie gebratener Reis oder Nudelsuppen werden generell vom Gast selbst gewürzt – mit grobem Chilipulver, Zucker oder einer süßsauren Essigbrühe, in der frische Chilistückchen schwimmen. Statt Salz gibt

ESSEN & TRINKEN

es *nam pla* (Fischsoße). Versetzt mit gehacktem Chili wird aus der Fischsoße *pik nam pla*. Vorsicht beim Dosieren!

Salat im europäischen Sinne, wie etwa grüner Salat oder Tomatensalat, gibt es im der Thai-Küche nicht. Ein typischer thailändischer Salat *(yam)* ist eher schon ein eigenständiges Gericht und wird gern als Zwischenmahlzeit verzehrt. Er ist fast immer scharf, etwa der herzhafte *yam nüa*, ein säuerlicher Salat aus Streifen von Rindfleisch, garniert mit Knoblauch, Koriander, Zwiebeln und zerstoßenen Chilischoten. Sehr beliebt ist auch *yam wunsen*, dessen wichtigste Zutat Glasnudeln sind.

Thais lieben Süßigkeiten – besonders wenn sie extrem süß sind. Die kleinen hausgemachten Kalorienbomben finden Sie in allen Farben des Regenbogens an Ständen auf Festen, Märkten und bei Straßenhändlern. Lecker und nicht übermäßig süß ist Naschwerk aus Klebereis, der in Kokosnussmilch gegart wurde und auch heute noch hübsch in Bananenblättern verpackt wird. Auf Phuket lockt der ganze Obstgarten der Tropen. Für die Einheimischen ist die *Durian* die Königin der Früchte. Sie trägt ihren Beinamen Stinkfrucht nicht zu Unrecht. Das weißgelbe Fruchtfleisch hinter der Stachelschale ist fast cremig weich. Entweder wird man süchtig danach, oder man schüttelt sich. Die Mango *(mamuang)* dagegen wird von allen geliebt. Besonders mundet sie mit konzentrierter Kokosnussmilch und Klebreis *(kao niau)*. Thais schätzen aber auch grüne Mangostreifen, die sie in ein Zucker-Chili-Gemisch stippen. Hinter der dicken, weinroten Schale der Mangostan *(mangkut)* verbirgt sich weißes Fruchtfleisch, das süßlich und zugleich etwas säuerlich schmeckt. Auch die haarigen Rambutan *(ngo)*, die feinen Litschis *(lintschi)* oder roten Javaäpfel *(dschompu)* sollten Sie probieren.

Das Angebot an frisch gepressten Obstsäften beschränkt sich meist auf Orangensaft – und der ist häufig mit Limonade gestreckt. Ansonsten löschen Trinkwasser *(nam bau)* aus Flaschen und

Thais wissen: Das Auge isst mit

Mineralwasser sowie eine Vielzahl von Softdrinks den Durst. Die beliebtesten einheimischen Biermarken sind *Singha* und *Chang*, internationale Marken wie *Heineken* und *Tiger* werden vor Ort gebraut. In vielen Lokalen bekommen Sie auch importiertes deutsches Bier.

Der preiswerte Schnaps *Mekhong* wird aus Reis destilliert und als „Whisky" bezeichnet. Weniger parfümiert schmeckt der etwas teurere *Saeng Som* (aus Zuckerrohr), der aber ebenfalls nicht pur getrunken wird, sondern als eisgekühlter Longdrink mit Sodawasser und einem kräftigen Spritzer Limonensaft. Touristen mischen ihn gern mit Cola.

EINKAUFEN

Fast alles, was auf Phuket verkauft wird, stammt aus anderen Landesteilen und ist relativ teuer. Wenn Sie auch Bangkok oder Chiang Mai in Nordthailand besuchen, sollten Sie dort auf Einkaufstour gehen. Die besten Shoppingplätze auf Phuket sind die Inselhauptstadt und der Patong Beach. Umweltschützer raten vor dem Kauf von Muscheln und Korallen ab. Muscheln werden lebend aus dem Meer geholt und ausgekocht, der Handel mit Korallen ist sogar verboten.

ANTIQUITÄTEN

Ein seriöses Geschäft wird Sie darauf aufmerksam machen, dass für Antiquitäten eine Ausfuhrgenehmigung erforderlich ist, und diese auch für Sie besorgen. Auf eigene Faust kann das eine umständliche Prozedur werden. Infos beim Nationalmuseum in Thalang *(Tel. 076 31 14 26)*.

BUDDHASTATUEN

Besonders heikel ist der thailändische Zoll, wenn er Buddhastatuen im Gepäck entdeckt. Selbst billigste Plastikbuddhas dürfen ohne Genehmigung nicht ausgeführt werden. Erlaubt sind nur Amulette, die am Körper getragen werden. Im Nationalmuseum in Thalang können Sie die Ausfuhrgenehmigung beantragen – falls es sich nicht um historisch wertvolle Figuren handelt. Deren Ausfuhr ist generell verboten.

GEMÄLDE

Ein Picasso für rund 30 Euro? Kein Problem, können Sie haben – zwar nicht das Original, aber meisterhafte Kopien. In Phukets Touristenzentren hat sich eine ganze Reihe einheimischer Pinselartisten auf die Werke ihrer weltberühmten Kollegen spezialisiert. Urlauber können sich auch porträtieren lassen, ohne stundenlang Modell zu sitzen – ein Passfoto genügt. Originale thailändischer Maler finden sie in den Galerien in der Altstadt von Phuket Town.

GEWÜRZE

Ob Pfeffer oder Zimt, Chili, Kurkuma oder Currypaste – exotische Gewürze kosten nur einen Bruchteil dessen, was Sie zu Hause dafür bezahlen. Alle großen Supermärkte, z. B. Tesco Lotus, sind bestens damit bestückt. Die günstigsten Preise zahlen Sie auf dem Markt in Phuket Town.

Gewürze, Textilien, Gold und Antiquitäten – Phuket ist zwar kein Einkaufsparadies, aber Souvenirs finden Sie auch hier

GOLD

Goldschmuck zu 23 Karat gibt es in speziellen Goldgeschäften (nicht beim Juwelier!), die Sie an der roten Innenausstattung erkennen. Der Preis richtet sich nach dem aktuellen Goldkurs. Dieser hochkarätige Schmuck kann jederzeit zurückverkauft werden, sogar mit Gewinn, falls der Kurs gestiegen ist. Die beste Auswahl an Goldschmuck finden Sie in Phuket Town.

JUWELEN UND PERLEN

Beim Edelsteinkauf sollten Sie äußerst vorsichtig sein. Lassen Sie sich nicht von Schleppern in ein Geschäft lotsen, kaufen Sie auch nicht bei fliegenden Händlern. In puncto Perlen ist Phuket führend. Wie man echte von falschen unterscheidet, erfahren Sie beim Besuch einer Perlenfarm (z. B. auf der Insel Naka Noi, Ausflüge können Sie bei jedem Reisebüro buchen).

TEXTILIEN

Jeder zweite Shop an den Stränden scheint eine Schneiderei zu sein. Vereinbaren Sie mindestens zwei Anproben, und lassen Sie abändern, was Ihnen nicht passt. Die größte Auswahl an fertigen Textilien gibt es am *Patong Beach*, im Shoppingcenter *Central Festival* und im *Robinson-Kaufhaus* in Phuket Town. In der Stadt finden Sie in manchen Stoffläden (z. B. in der *Thalang Rd.*) auch das thailändische Tuch der Tücher, das *pa kao ma*. Es wird in ländlichen Gegenden als kurzer Sarong (Lendenschurz) getragen, dient aber auch als Schärpe, Schal, Kopftuch oder Handtuch. Meist ist dieses Allzwecktuch blau-rot oder weiß-rot kariert. Häufiges Waschen bleicht es aus, macht es aber immer weicher. Auch Batiktücher werden auf Phuket hergestellt. Die ganze Farbenpracht der Tropen können so als preiswertes Mitbringsel mit nach Hause nehmen.

DIE PERFEKTE ROUTE

FRÜHSTÜCK AM MEER UND BUDDHAS IN DEN BERGEN

Starten Sie Ihre Route dort, wo andere vor Anker gehen. Die Bucht von ❶ *Chalong* → S. 58 ist ein natürlicher Yachthafen und Treffpunkt für Segler aus aller Welt. Bei einem herzhaften *farmers breakfast* mit Bratkartoffeln im Lighthouse am Ende der Straße links vom Pier haben Sie einen Panoramablick auf die Bucht und die vielen Boote. Sie können sogar durch die Seglerarmada hindurchspazieren: Der Pier mit seinen 700 m Länge führt weit hinaus ins Meer. Fahren Sie anschließend vom Pier aus zum Kreisverkehr, und nehmen Sie die zweite Straße rechts in Richtung Flughafen. Nach ca. 1 km ist links eine Abzweigung zum ❷ *Big Buddha* → S. 59 ausgeschildert. Der Erhabene misst stolze 45 m, thront auf einem 400 m hohen Berg und schaut gen Osten, genau auf die Bucht von Chalong. Genießen Sie den fantastischen Weitblick. Wieder zurück auf die Hauptstraße lohnt sich ein Abstecher zum nördlich gelegenen ❸ *Wat Chalong* → S. 59 (Foto li.), dem größten Kloster der Insel. Machen Sie einen Spaziergang durch die weitläufige Anlage, bevor es retour zum Kreisverkehr und auf der 4021 weiter Richtung ❹ *Phuket Town* → S. 66 geht. Hier können Sie durch die Thalang Road und die Seitengasse Soi Rommani in der Altstadt bummeln. Viele alte Ladenhäuser im sino-portugiesischen Stil erfreuen das Auge, und im China Inn kommt in einer wunderschön restaurierten Stadtvilla auch der Gaumen auf seine Kosten.

GESCHICHTE UND GIBBONS

Nehmen Sie den Highway 402 Richtung Airport bis zum Heroines Monument, dort rechts ab auf die 4027 bis zum ❺ *Thalang National Museum* → S. 37. Hier erfahren Sie alles über die Geschichte Phukets. Über die 4027 fahren Sie dann weiter Richtung Norden und biegen nach ca. 7 km ab in den Dschungel des Schutzgebiets ❻ *Kao Phra Thaeo* → S. 36 (ausgeschildert, Foto re.). Das Gibbon Rehabilitation Centre informiert Sie darüber, wie die Menschenaffen auf ein Leben in Freiheit vorbereitet werden.

ZEIT FÜR DAS MEER IM WESTEN

Über das Dorf Bang Rong geht's durch Phukets grünes Hinterland wieder auf den Highway gen Norden, nach ca. 2 km links ab zum Airport und weiter zum ❼ *Nai Yang Beach* → S. 47. Legen Sie sich auf die Matten unter Kasuarinabäumen, und lassen Sie sich frisch

www.marcopolo.de/phuckt

Erleben Sie die vielfältigen Facetten Phukets auf einem Rundkurs über die Insel mit kleinen Abstechern ins Hinterland

gegrillten Fisch schmecken. Zwischen Mai und November wird's hier ziemlich windig, und Sie können, wenn Sie wollen, das Kitesurfen lernen. Ein paar Kilometer südlich von Nai Yang wartet der Topstrand von ⑧ *Nai Thon* → S. 46 auf Sie. Jetzt ist Zeit für ein Bad im blauen Meer, danach vielleicht eine Massage am Strand? Hier können Sie dem Rummel gut aus dem Weg gehen – wenn Sie es noch ruhiger haben wollen, parken Sie ca. 2 km südlich von Nai Thon am Straßenrand über der Bucht von ⑨ *Hin Kruai* → S. 47. Achten Sie auf das Schild „Banana Beach". Ein Trampelpfad führt hinunter zu diesem feinen Strand.

SUSHI AM SURIN

Die schmale Küstenstraße führt wieder landeinwärts. Fahren Sie über die 4030 und die 4025 immer nach Süden bis zum ⑩ *Surin Beach* → S. 56. Nirgends auf Phuket werden Sie mehr edle Freiluftrestaurants gleich am Strand finden. Wie wär's mit Sushi und Sashimi im Catch Beach Club?

RUMMEL AM ABEND

Zum Sonnenuntergang steuern Sie den ⑪ *Patong Beach* → S. 50 an, 13 km südlich vom Surin. Phukets touristische Hochburg ist ein einziger Rummelplatz – den müssen Sie gesehen haben! Schlendern Sie durch den Barbezirk an der Soi Bangla, die abends zur Fußgängerzone wird. Und nur keine Hemmungen, hier schieben sich auch ganze Familien mit Kind und Kegel durch. Wenn Sie noch genug Power für einen Großeinkauf haben, dann rein ins Jungceylon, dem größten Einkaufszentrum der Insel mit über 300 Geschäften. Bis 23 Uhr können Sie nach Lust und Laune shoppen.

100 km. Reine Fahrzeit 2,5 Stunden. Empfohlene Reisedauer: 1 Tag Detaillierter Routenverlauf auf dem hinteren Umschlag, im Reiseatlas sowie in der Faltkarte

DIE WESTKÜSTE

Was für eine Küste! Grüne Hügel schirmen kilometerlange Strände und kleine Buchten vom Rest der Welt ab. Urlauber aus aller Welt finden hier Ruhe ebenso wie Rummel.

An der Westküste mit einer Nord-Süd-Ausdehnung von gerade mal 50 km zeigt Phuket seine Sahneseite. Dort, wo die Natur Topstrände – insgesamt 35 km Strand – geschaffen hat, stehen fast alle Strandresorts, sonnen sich fast alle Urlauber. Der Patong Beach ist das touristische Zentrum Phukets. Eine Stadt am Strand, an dem die Liegestühle in mehreren Reihen gestaffelt sind. Aber je weiter Sie nach Norden kommen, umso ruhiger wird es, und Sie entdecken auch noch Strände und Buchten, an denen mehr Palmen und Bäumen stehen als Sonnenschirme.

BANG TAO BEACH

(118 A–B 2–3) (*C7*) Der 6 km lange Strand, gesäumt von Palmen und Kasuarinen, war schon immer makellos, aber bis in die 1980er-Jahre sah das Hinterland so öde aus wie eine Mondlandschaft, verschandelt durch Zinnabbau. Dann entstand das Laguna Project. Die verlassenen Zinnminen wurden geflutet, eine begrünte Lagunenlandschaft am Meer mit sieben edlen Resorts darin wurde geschaffen. Gleichwohl ist Bang Tao außerhalb dieser eindrucksvollen Luxusoase bis heute weitgehend ursprünglich geblieben. Am südlichen Teil des Strands

Bild: Nai Thon Noi Beach

Ruhe unter Palmen oder Trubel bis spät in die Nacht – in den stillen Buchten und an den langen Stränden im Westen ist alles möglich

finden Sie ein kleines Touristendorf mit Läden und Lokalen. Edlere Geschäfte und Restaurants gibt es an der Zugangsstraße zu den Laguna-Resorts.

Im weiter landeinwärts gelegenen Ort Choeng Thale hat sich das Leben der überwiegend muslimischen Bevölkerung durch den Tourismus noch kaum verändert. Sie sind Fischer, Farmer und Händler geblieben. Zum Freitagsgebet versammeln sich die Bewohner in der Islamiya Mosque, der größten Moschee auf Phuket.

ESSEN & TRINKEN

Die über 30 Restaurants der sieben Laguna-Resorts stellen auch anspruchsvolle Feinschmecker zufrieden. Am Strand vor den Resorts gibt es eine Reihe von Open-Air-Restaurants, die auf Seafood spezialisiert sind. Für romatische Zweisamkeit bietet das *Banyan Tree* auf den Lagunen eine INSIDER TIPP Sunset-Dinner-Cruise *(Sanya Rak)* im Longtail an (vorab reservieren). An der Lagoon Road (Zufahrtstraße zu den Laguna-Resorts) hat sich

BANG TAO BEACH

eine ganze Reihe zum Teil erstklassiger Restaurants angesiedelt.

INSIDER TIPP BABYLON BEACH CLUB
Das rustikal-schicke Open-Air-Restaurant liegt direkt am Strand. Chef Roberto serviert in seinem Lokal thailändische und italienische Küche „wie bei Mamma". *Tgl. 11–22.30 Uhr | zwischen Amora Hotel und Laguna Beach Resort | Tel. 0819 70 53 02 | www.babylonbeachclub.com | €€*

INSIDER TIPP DEDOS
Der Bocuse-Schüler Pablo kreiert hier mediterrane Spitzenküche mit thailändischem und japanischem Touch. Superlecker die Entenbrust mit süß-saurer Tamarindensoße. Abholservice. *Tgl. ab 18 Uhr | Lagoon Rd. | Tel. 076 32 51 82 | www.dedos-restaurant.com | €€€*

NOK & JO'S
Rustikales Lokal am Südende von Bang Tao an der Straße nach Surin. Hier gibt es Gulasch ebenso wie Thai-Currys und dazu noch verschiedene Brotsorten. Jeden Mi und So Barbecue all you can eat. Und sogar Tischfußball und Billard können Sie hier spielen. Weinkarte. *Tgl. 10–1 Uhr | Tel. 0815 38 21 10 | €*

Motorradfahrer vor Phukets größter Moschee, der Islamiya Mosque in Choeng Thale

TOTO RESTAURANT
Bei Roberto schmecken Spaghetti Vongole, Calzone und Tiramisu wie in Italia. Der Wein wird von dort importiert. *Tgl. ab 15 Uhr | Lagoon Rd. | Tel. 076 27 14 30 | www.totophuket.com | €€–€€€*

INSIDER TIPP WATERMARK PATISSERIE
Bäckerei und Konditorei vom Feinsten. Brot, Brötchen, Croissants, Törtchen und Pralinen in großer Auswahl. Frühstücken können Sie hier auch. *Tgl. 7–17 Uhr | Lagoon Rd. | Tel. 076 27 14 30 | €*

FREIZEIT & SPORT

Die Laguna-Resorts bieten Wassersport, Tennis, Golf und Squash. An der Kletter-

DIE WESTKÜSTE

wand von *Quest Laguna Adventure (Tel. 076 32 40 62)* kann man sich mit Sicherung hochhangeln. Das *Dusit Laguna* (www.lagunaphuket.com) vermietet Fahrräder und bietet Kochkurse an. Im *Banyan Tree Phuket* können Sie Batikmalerei erlernen sowie bei Meditation und Tai Chi entspannen. Die Angebote in den Resorts sind offen für Gäste der Anlagen im Laguna-Komplex.

AM ABEND

Mehrere Kneipen und Pubs gibt es im Touristendorf und im Eingangsbereich der Laguna Resorts, z. B. die *Peppers Bar*. Im Irish Pub *The Craic* spielt jeden So ab 21.30 Uhr eine Liveband.

ÜBERNACHTEN

ANDAMAN BANG TAO BAY RESORT
Schnucklige kleine Anlage mit sehr geschmackvollen Bungalows direkt am Strand gelegen. Kleiner Pool. *16 Zi. | 82/9 Bang Tao Beach | Tel. 076 27 02 46 | www.andamanbangtaobayresort.com | €€€*

BANGTAO VILLAGE RESORT
Gepflegte Bungalow-Anlage mit viel Grün und einem kleinen Pool. Alle Zimmer sind klimatisiert und mit TV und Kühlschrank ausgestattet. Die Anlage liegt an einer ruhigen Seitenstraße im Ort, zum Strand knapp zehn Gehminuten. *28 Zi. | Srisoonthorn Rd. | Tel. 076 27 04 74 | www.bangtaovillageresort.com | €€€*

BANYAN TREE PHUKET
Villen von erlesener Eleganz in großen Gärten, teils mit eigenem Pool (9 x 13 m), in den man fast vom Bett aus hechten kann. Ausgezeichnetes, nichtmedizinische Gesundheitszentrum mit Sauna, Massagen, Meditation, Yoga, Aromatherapie, Pool mit Strömungskanal. Klare Nummer eins unter den Laguna-Resorts. *150 Zi. | Bang Tao Beach | Tel. 076 32 43 74 | www.banyantree.com/en/phuket | €€€*

MARCO POLO HIGHLIGHTS

★ Wat Phra Nang Sang und Wat Phra Thong
Wie gemalt: Zwei Tempel am Highway in der Nähe von Thalang zeigen farbenprächtige Wandmalereien und viel Gold → S. 37

★ FantaSea
Kamala: eine Show inklusive Elefantenherde als Fest der Phantasie → S. 38

★ Viewpoint
Wie Perlen liegen drei Stände vor Ihnen – der Viewpoint von Kata bietet Ihnen einen Logenblick auf Meer und Beach → S. 42

★ Mom Tri's Kitchen
Schönes Gartenrestaurant mit Kunstwerken, Meerblick und kulinarischen Überraschungen → S. 43

★ Trisara
Luxuriöses, aber teures Paradies: Phukets bestes Resort mit viel Holz und Marmor, Pools und Meerblick liegt oberhalb eines kleinen Traumstrands → S. 44

★ Simon Cabaret
Grellbunte Travestieshow mit Musik, Tanz und Comedy – 50 Herren Damen befinden sich im Kostümrausch → S. 54

BANG TAO BEACH

DUSIT LAGUNA
Links und rechts liegen Lagunen, vorne glitzert das Meer. Das *Dusit* ruht in einem Tropengarten wie auf einer Insel. Bei Bauweise und Inneneinrichtung wurde besonderer Wert auf den Thai-Stil gelegt. *254 Zi. | 390 Srisoonthorn Rd. | Tel. 076 36 29 99 | www.dusit.com | €€€*

den Stränden von Kamala und Surin, finden Sie unter *www.phuketgoldcoast.com*.

ZIELE IN DER UMGEBUNG

KAO PHRA THAEO PARK
(119 D1–2) (E5–7)
10 km nordöstlich der Laguna Resorts (über die Straße 4030) liegt am Highway

Leuchtend bunt: Wandmalereien im Wat Phra Nang Sang, dem ältesten Tempel auf Phuket

PHUKET NATURE PLACE
Die Zimmer in den Pfahlbungalows sind einfach, aber mit Aircon, Kühlschrank, TV. Eine der günstigsten Anlagen in Bang Tao am nördlichen Ortsrand (zum Strand knapp zehn Minuten zu Fuß). *4 Zi. | Srisoonthorn Rd. | Tel. 076 27 13 76 | www.phuketnatureplace.com | €€*

AUSKUNFT

Infos zum Laguna-Komplex (auch über Eigentumswohnungen und -häuser) erteilt *Laguna Phuket (Tel. 076 36 23 00 | www.lagunaphuket.com)*. Infos, auch zu

402 das Städtchen *Thalang*. An der einzigen Kreuzung des Ortes zweigt Richtung Osten die Straße zum Naturschutzgebiet *Kao Phra Thaeo (Eintritt 200 Baht)* ab. Ein Wanderpfad führt durch den Dschungel zum *Ton-Sai-Wasserfall* und weiter in etwa zwei Stunden auf die andere Seite des Parks zum *Bang-Pae-Wasserfall* und zum *Gibbon Rehabilitation Centre (tgl. 9–16 Uhr)*. In der Auswilderungsstation *(www.gibbonproject.org)* können Sie Patenschaften für die Tiere übernehmen. Zu sehen bekommen Sie nur jene Gibbons, die wegen ihres Alters oder Verletzungen nicht mehr ausgewildert werden können.

DIE WESTKÜSTE

THALANG NATIONAL MUSEUM UND HEROINES MONUMENT
(119 D3) (*E7–8*)

12 km östlich von Bang Tao über die Straße 4025 kommen Sie zum *Heroines Monument*, das sich mitten auf der Kreuzung mit dem Highway 402 befindet. Das Denkmal erinnert an die zwei Schwestern Chan und Muk, die Phuket 1785 vor burmesischer Zerstörung retteten. Die beiden simulierten ein riesiges Soldatenheer, indem sie neben dem männlichen Aufgebot alle Frauen als Soldaten verkleideten und aufmarschieren ließen. Jenseits der Kreuzung liegt rechts an der Straße 4027 das *Thalang National Museum*. Klein, aber fein informiert es über Phukets Geschichte. Zur Sammlung gehören neben prähistorischen Grabungsfunden und Gebrauchsgegenständen auch Kunsthandwerk und alte Waffen. *Tgl. 8.30–16.30 Uhr | Eintritt 30 Baht*

WAT PHRA NANG SANG/WAT PHRA THONG ★ (118 C1) (*D6*)

In Thalang stehen am Highway 402 zwei sehenswerte Tempel. Der elegante *Wat Phra Nang Sang* (nach der Einmündung der 4030 rechts in Richtung Phuket Town, ca. 6 km von Bang Tao Beach) ist der älteste der Insel, vor etwa 250 Jahren errichtet, als Thalang noch Inselhauptstadt war. Farbenprächtige Wandmalereien stellen die Geschichte Phukets und den Fall von Ayutthaya dar.

Der *Wat Phra Thong* (kurz vor Ortsende Richtung Airport rechts ab) beherbergt eine mit einer dicken Blattgoldschicht überzogene und von Legenden umrankte ● Buddhafigur, von der nur der Oberkörper aus dem Boden ragt. Angeblich stirbt jeder, der versucht, die Statue auszugraben – oder der ihr keinen Respekt entgegenbringt.

KAMALA BEACH

(118 A3–4) (*B–C 8–9*) **Die flache Bucht wurde erst spät vom Tourismus entdeckt. Im gleichnamigen Ort, der sich weit ins Hinterland zieht, geht das Leben noch immer seinen geruhsamen Gang. Diese Dorfidylle lockt aber auch immer mehr Ausländer an, die auf Phuket wohnen und sich hier stattliche Häuser und Villen bauen.**

Die komplette touristische Infrastruktur ist zwar vorhanden, aber an Shopping und Nachtleben dürfen Sie hier keine Ansprüche stellen.

ESSEN & TRINKEN

Viele Lokale entlang der Beach Rd. haben sich auf Seafood spezialisiert. Immer gut besucht ist dort das *Charoen Seafood* (€–€€), das zum Resort *Kamala Dreams* gehört. In der Foxtail Plaza an einer Seitengasse der Beach Rd. trägt das *Buffalo Steak House* (€€) seinen Namen nicht von ungefähr, und im *Thai Sugar Hut* (€) kommen einheimische Gerichte auf den Tisch. Ein sehr vielfältiges **INSIDER TIPP** Thai-Buffet und klassische Thai-Tänze gibts jeden Mi ab 19 Uhr im Restaurant *The Kamala* (€€) des Resorts *Print Kamala* an der Beach Rd. In der *Kamala Bakery* (€) an der Hauptstraße können Sie zum Cappucino auch Kuchen und belegte Baguettes ordern.

KOKOSNUSS

Klar, dass es bei Thomas aus Nürnberg auch Nürnberger Bratwürste gibt. Dazu viele andere Wurst- und Käsesorten sowie frisches Brot. Und an fünf Abenden in der Woche Buffets mit deutscher Hausmannskost. *Tgl. ab 7 Uhr | Soi 7 (Seiten-*

KAMALA BEACH

gasse der Beach Rd.) | Tel. 0815 38 52 85 | www.phuketkokosnuss.com | €–€€

ROCKFISH
Raffinierte Thaiküche und einige westliche Gerichte mit toller Aussicht: Das Restaurant auf den Klippen am Südende des Strands lockt mit Gaumenschmeichlern wie in Chilipaste mariniertem Thunfisch an Kräutersalat oder frittiertem Ziegenkäse mit Zwiebelmarmelade. *Tgl.*

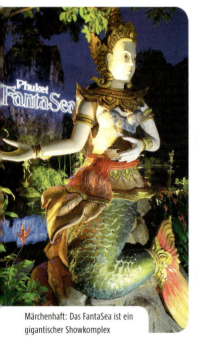

Märchenhaft: Das FantaSea ist ein gigantischer Showkomplex

ab 8 Uhr | Beach Rd. | Tel. 076 27 97 32 | www.rockfishrestaurant.com | €€–€€€

EINKAUFEN

Im *Kamala Center & Shopping* am Ortseingang aus Richtung Patong ist jeden Tag Markttag – vor allem für die Einheimischen. An den Ständen bekommen Sie von Taschenlampen über Geschirr bis zu billigen Klamotten so ziemlich alles. Und natürlich auch thailändische Snacks für den Hunger zwischendurch.

AM ABEND

FANTASEA ★
Eine märchenhafte Show inklusive dressierter Elefantenherde bietet der 3000 Besucher fassende Themenpark *FantaSea*. Die Veranstaltung ist den vergleichsweise hohen Eintritt unbedingt wert. Für 300 Baht pro Person werden Gäste in Kleinbussen vom Hotel überall auf Phuket abgeholt und auch wieder zurückgebracht. *Eintritt 1500 Baht, mit opulentem Dinnerbuffet 1900 Baht | Tel. 076 38 51 11 | www.phuket-fantasea.com*

ÜBERNACHTEN

Im Gebiet zwischen Hauptstraße und Strand haben sich mehrere Gästehäuser angesiedelt, etwa das familiäre *Sabina Guesthouse (9 Zi. | Kamala Beach | Tel. 076 27 95 44 | www.chezsabina-guesthouse.com | €)*, geführt vom hilfsbereiten Mr. Phitsanu. Einfach, aber mit TV, Kühlschrank, Aircondition.

INSIDER TIPP ▶ BAAN CHABA
Angenehme Bungalows mit Aircondition und Minibar in einer schön begrünten, familären Anlage. Zum Strand sind es nur wenige Meter. *8 Zi. | Kamala Beach | Tel. 076 27 91 58 | www.baanchaba.com | €€*

THE CLUB
An der Hauptstraße, ca. fünf Minuten vom Strand entfernt, liegt dieses Resort mit ausgezeichnetem Preis-Leistungs-Verhältnis. Schöne Zimmer mit TV, kleiner Küche, Klimaanlage. Kleiner Pool.

DIE WESTKÜSTE

22 Zi. | Mainrd. | Tel. 0818 93 49 11 | www. theclubphuket.com | €–€€

KAMALA BEACH RESORT
Größtes Resort in Kamala, direkt am Strand. Sehr komfortable Zimmer mit TV, Minibar. Vier Pools. *414 Zi. | Kamala Beach | Tel. 076 27 95 80 | www. kamalabeach.com | €€€*

 PAPA CRAB
Die ehemalige Travellerherberge hat sich zum schnieken Boutiqueresort unter deutscher Leitung gemausert. Stilvolle Nichtraucherzimmer ohne Schnörkel, aber mit Sinnsprüchen an der Wand. Nur zwei Minuten zum Strand. *10 Zi. | Beach Rd. | Tel. 076 38 53 15 | www. phuketpapacrab.com | €€*

KARON BEACH

KARTE AUF SEITE 41
(120 A–B 3–4) (C11–12) **Am 4 km langen Strand, der mit Büschen und Bäumen aufgeforstet ist, wird es auch in der Hochsaison nicht eng.**

Fast alle Resorts liegen zusammen mit Shops und Restaurants jenseits der Strandstraße, die nicht stark befahren ist. Rund um das nördliche *Karon Centre* beim Kreisverkehr *(Karon Circle)* hat sich ein Touristendorf entwickelt. Entlang der Strandstraße sorgen noch freie Flächen mit Palmen und Gestrüpp dafür, dass Karon selbst in der Hochsaison oft wie ausgestorben wirkt. Wer weder zu viel Ruhe noch Rummel mag, der ist hier richtig.

ESSEN & TRINKEN

Seafood essen Sie am preiswertesten in den einfachen Open-Air-Lokalen am Südende von Karon beim Fußballstadion und am Nordende beim Kreisverkehr.

OLD SIAM RESTAURANT
Hier wird ausgezeichnete Thai-Küche auf der Terrasse serviert. Oder drinnen ein typisches nordthailändisches *Kanthoke Dinner,* bei dem man auf dem Boden sitzt und die Speisen auf flachen Tischen angerichtet werden. Mi und So um 20.15 Uhr gibt es außerdem Aufführungen mit klassischem Thai-Tanz. Im *Thavorn Palm Beach Resort. Tgl. Lunch/Dinner | 128/10 Karon Rd. | Tel. 076 39 60 90 | €€–€€€*

ON THE ROCKS
Nettes Freiluftrestaurant im Resort *Marina Cottage* am Felshang direkt am Meer. Die Meeresfrüchte und Thai-Gerichte sind so exzellent wie die Aussicht. *Tgl. Lunch/Dinner | Tel. 0 76 33 06 25 | €€–€€€*

FREIZEIT & SPORT

Am Strand können Sie sich Surfbretter ausleihen. Außerdem werden Motorboote angeboten, um Wasserski zu fahren. Auch Fallschirmsegeln ist möglich. Tauchschulen.

AM ABEND

Das Nachtleben am Karon Beach beschränkt sich auf einige Bierbars im Touristendorf am Nordende sowie in der Mitte des Strands.

ÜBERNACHTEN

KARON BEACH HOTEL
Angenehmes Boutiquehotel am Rand des Touristendorfs. Klimatisierte Zimmer mit Kühlschrank, TV und kleinem Balkon. Zum Strand sind es nur ein paar Schritte über die Strandstraße. *16 Zi. | 224/12 Karon Rd. | nahe Karon Circ-*

KATA NOI BEACH

le | Tel. 076 36 93 18 | www.karonbeach-hotel.com | €€

INSIDER TIPP KARON CAFÉ INN
Angenehmes Gästehaus mit guter Küche. TV, Kühlschrank und Aircondition in jedem Zimmer. Zum Strand sind es nur 150 m. *16 Zi. | Soi Islandia Park Resort | Tel. 076 39 62 17 | www.karoncafe.com | €€*

MARINA PHUKET RESORT
Hier können Sie sich fast wie im Dschungel fühlen, so grün ist die Anlage. Edle Holzbungalows mit allem Komfort auf der Felsnase, die Karon vom Kata Beach trennt. Kleiner Pool, dafür mit direktem Zugang zum Strand. *89 Zi. | 47 Karon Rd. | Tel. 076 33 06 25 | www.marinaphuket.com | €€€*

RAMADA PHUKET SOUTHSEA
Komfortables Hotel, u-förmig um einen Pool herum gebaut. Vom Strand nur durch eine Straße getrennt. *152 Zi. | 204 Karon Rd. | nahe Karon Circle | Tel. 076 37 08 88 | www.ramadaphuketsouthsea.com | €€€*

KATA NOI BEACH

KARTE AUF SEITE 41
(120 A–B5) (C13) **Der kleine *(noi)* Kata Beach liegt ca. 15 Gehminuten vom großen *(yai)* Kata Beach entfernt gleich hinterm Berg.**
Die 1 km lange Bucht mit einem Sandstrand, weiß wie frischgefallener Schnee ist noch einen Tick schöner als der größere Bruder. Und sie ist auch noch ruhiger. Der Kata Noi ist wie ein natürliches römisches Theater, das sich zum Meer hin öffnet, von grünen Bergflanken eingerahmt. Den Strand dominiert das lang gestreckte Kata Thani Resort, das aber die Palmen und die Kasuarinen nicht überragt und auch den freien Zugang zum Strand nicht versperrt. Ansonsten gibt es hier nur noch ein paar kleinere Resorts, einige einfache Restaurants und eine Handvoll Läden.

Unter Bäumen: Blick vom Marina Phuket Resort auf den Karon Beach

DIE WESTKÜSTE

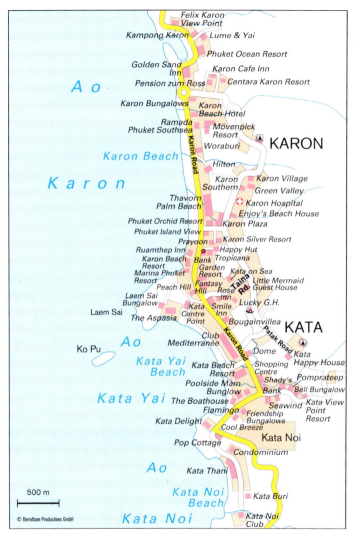

ÜBERNACHTEN

KATA THANI HOTEL & BEACH RESORT ⓘ

Geschmackvoll eingerichtete Zimmer, fünf Restaurants (auch mit deutscher, italienischer und sogar brasilianischer Küche), fünf Pools, Tennisplätze, dazu Fitnesscenter und eine Sauna – das Kata Thani lässt keine Wünsche offen. Umweltfreundlich ist es auch: Brauchwasser wird zur Bewässerung der Grün-

KATA YAI BEACH

Kata Noi: von Bergen eingerahmte kleine Bucht mit einem Sandstrand wie frischer Schnee

anlagen benutzt, organische Dünger schonen den Boden, Küchenabfall wird in Biogas verwandelt und Wasser zum Teil über Solarzellen erhitzt. *480 Zi. | 14 Kata Noi Rd. | Tel. 076 33 01 24 | www.katathani.com | €€€*

ZIEL IN DER UMGEBUNG

VIEWPOINT ★ ☀ (120 B5) (*C13*)
Fährt man vom Kata Noi zurück Richtung Kata und biegt gleich nach dem Berg rechts ab auf die Straße 4233 (Richtung Nai Harn), kommt man nach 2 km zum *Viewpoint* von Kata. Hoch über dem Meer bietet sich eine weite Sicht auf die beiden Kata-Strände und den Karon Beach, deren Sandsicheln sich schön und strahlend weiß wie die Perlen einer Kette aneinanderreihen. Offiziell heisst der Aussichtspunkt *Karon Viewpoint*, da er auf dem Gebiet der Gemeinde Karon liegt, zu der auch Kata und Kata Noi gehören. An der Straße gibt es Parkmöglichkeiten, an einigen Ständen werden Snacks, Getränke und Souvenirs angeboten. Schatten finden Sie in einem überdachten Pavillon.

KATA YAI BEACH

 **KARTE AUF SEITE 41**
(120 B4–5) (*C12–13*) **Eine 2 km lange, sichelförmige Bucht mit tadellosem Strand und ebenso tadellosem Wasser.**

Fast drei Viertel der Bucht ist vom Club Med belegt. Aber über die Strandstraße vor dem Club kommt man überall ans Meer. Zwei Feriendörfer am oberen und am unteren Strandende bieten alles, was Touristen brauchen. Vom nördlichen Zentrum sind es allerdings jeweils knapp zehn Minuten sowohl nach rechts zum Karon-Strand wie nach links zum Kata-Yai-Strand. Es ist hier fast überall sehr eng. Das sorgt zwar für Atmosphäre, stört aber die Ruhe bei Spaziergängen. Denn in der Hauptsaison ist der Verkehr sehr dicht. Hier gibt es noch viele kleinere Resorts und Gästehäuser und deshalb auch weniger Pauschalurlauber als etwa am Karon Beach. Wer es nicht allzu

DIE WESTKÜSTE

ruhig mag, aber auch keinen Strand mit Bettenburgen sucht, ist am Kata Beach richtig.

ESSEN & TRINKEN

THE BOATHOUSE WINE & GRILL
Elegant, aber trotzdem leger. Mit Terrasse direkt am Strand. Sowohl Thai-Gerichte als auch internationale Küche sind erstklassig, dazu noch ein bestens sortierter Weinkeller. *Tgl. 7–23.30 Uhr | im Resort The Boathouse | 182 Khok Tanot Rd. | Tel. 076 33 05 57 | €€€*

EURO DELI
Chef Jo Jo ist als Koch herumgekommen in der Welt und kreiert z. B. Krabbenfleisch-Ravioli mit Mangosoße oder geräucherte Entenbrust mit Süßkartoffeln und weißer Rosinensoße. Das Restaurant liegt drei Minuten vom Kata-Zentrum entfernt (gegenüber Minigolfanlage). *Tgl. | 58–60 Karon Rd. | Tel. 076 28 62 65 | €€*

INSIDER TIPP KAMPONG KATA HILL
Mitten in Kata hoch auf einem Hügel liegt dieses romantische, aus Holz gebaute Thai-Restaurant. Steaks gibt es auch, aber mit einem Fisch mit Chilisoße sind Sie besser bedient. *Tgl. Dinner | Kata Centre | Taina Rd. | Tel. 076 33 01 03 | €€*

MOM TRI'S KITCHEN ★ ☼
Ein außergewöhnliches Lokal in einem herrlichen Garten hoch über dem Meer auf der Felsnase zwischen Kata und Kata Noi. Die asiatische Küche verschmilzt hier mit der mediterranen. Ein kulinarisches Highlight, serviert in dem mit Kunstwerken gespickten Restaurant des Edelresorts. Reservierung empfohlen. *Mom Tri's Villa Royale | Tgl. Lunch/Dinner | 3/2 Patak Rd. | Tel. 076 33 35 68 | www.mom triphuket.com | €€€*

RE KA TA BEACHCLUB ●
Ein feines Plätzchen direkt am Strand zum Relaxen bis spät in die Nacht. Mit Pool, Spa und Sonnenliegen, mit leichter Küche, Cocktails und vielen Kaffeesorten. Die 1000 Baht Eintritt werden beim Verzehr von Speisen und Getränken angerechnet. *Tgl. 9–24 Uhr | Koktanode Rd. (beim Resort Boathouse) | Tel. 076 33 04 42 | www.rekataphuket.com | €€€*

EINKAUFEN

Ein Einkaufsparadies ist der Kata Beach nicht, aber Sie bekommen hier alles, was man so täglich braucht, und natürlich jede Menge Souvenirs. Schöne Keramik gibt es im *Earth to art (Karon Rd. | gegenüber Dino Park),* schicke Beachwear nebenan im INSIDER TIPP *Barü (www.barufashion.com).*

FREIZEIT & SPORT

Direkt am Beach gibt es verschiedene Wassersportangebote. Ein von Bojen markiertes Riff am Nordende vom Strand eignet sich gut zum Schnorcheln. Wenn die Wellen hoch und gleichmäßig reinrollen (vor allem zu Beginn und am Ende der Regenzeit), steigen am Kata die Surfer auf ihre Bretter. Bei *Phuket Surf* können auch Sie ein Board mieten und das Surfen lernen *(www.phuketsurf.com)*.

AM ABEND

Für Nachtschwärmer gibt es eine kleine Bierbarszene an der Straße vom *Kata Centre* Richtung Kata Noi. Im Livemusikpub *Easy Riders* an der Taina Road gegenüber dem 7-Eleven-Laden kommt meistens ab 22 Uhr richtig Stimmung auf. In der urigen INSIDER TIPP *Ska Bar* am Südende des Strands (nahe Resort Boathouse) würde sich auch Bob Marley

LAYAN BEACH

wohlfühlen. Der perfekte Platz für den Sundowner und Livejazz ist das *Ratri Jazztaurant (Kata Hill Rd. | www.ratrijazztaurant.com)* hoch über dem Meer auf dem Kata Hill.

ÜBERNACHTEN

THE ASPASIA
Hoch überm Meer verwöhnt dieses edel gestylte Resort seine Gäste mit jeglichem Luxus und brillanter Aussicht. Die Zimmer und Suiten sind zwischen 65 und 210 m² groß. Spa, zwei Pools. Über eine steile Treppe sind Sie in zwei Minuten unten am Beach. *84 Zi. | 1/3 Laem Sai Rd. | Tel. 076 33 30 33 | www.aspasiaphuket.com | €€€*

KATA BEACH SPA RESORT
Der Name täuscht etwas, ein Spa gibt es hier nicht mehr. Die zehn Bungalows sind schlicht, aber alle mit Klimaanlage, TV, Kühlschrank und stehen im Grünen auf dem Hügel zwischen Kata Center und dem Strand. Viel günstiger können Sie am Kata in einem eigenen Bungalow nicht wohnen. *95 Pakbang Rd. | Tel. 076 33 09 14 | www.katabeachsparesort.com | €–€€*

INSIDER TIPP KATA DELIGHT VILLAS
Intime Oase der Ruhe unter Palmen und alten Laubbäumen. Komfortable Bungalows mit Meerblick auf der Kata-Seite des Hügels zwischen Kata Yai und Kata Noi (Abzweigung nach dem Boathouse). *16 Zi. | 186/15 Khok Tanot | Tel. 076 33 06 36 | www.katadelight.com | €€€*

KATA GARDEN RESORT
Saubere Bungalows und Zimmer im Hotel mit Aircondition und Minibar in einer gepflegten Gartenanlage mit Pool auf dem Hügel zwischen Kata und Karon. Zu den Stränden gehen Sie knapp zehn Minuten. *65 Zi. | 32 Karon Rd. | Tel. 076 33 06 27 | www.katagardenphuket.com | €€–€€€*

THE LITTLE MERMAID
Einfache, saubere Zimmer mit Aircondition, teilweise mit TV, Minibar, im Gästehaus oder in Bungalows um einen kleinen Pool herum. Gutes Preis-Leistungs-Verhältnis. Zu Fuß sind es zum Strand von Karon oder Kata zu Fuß jeweils ca. 15 Minuten. *40 Zi. | Patak Rd. | nahe Einmündung Taina Rd. | Tel. 076 33 07 30 | www.littlemermaidphuket.net | €–€€*

LAYAN BEACH

(116 A6) (*C6*) **Auf den Hügeln im Hinterland dieses Strands zwischen Nai Thon und Bang Tao stehen viele Luxusapartments und Villen.**
Im Layan-Bezirk, auf dem bewaldeten *Kap Laem Son*, liegt Phukets ultimatives Nobelresort.

ÜBERNACHTEN

TRISARA ★
Luxusresort oberhalb eines kleinen, namenlosen Puderzuckerstrands (bei Ebbe steinig) mit 39 Villen, großzügig verteilt auf 70 000 m² grünes Hügelland. Viel Holz und Marmor, jede Villa mit Pool und Meerblick. Ab ca. 690 Euro pro Nacht. *60/1 Moo 6 | Srisoonthorn Rd. | Choeng Thale | Tel. 076 31 01 00 | www.trisara.com | €€€*

MAI KHAO BEACH

(116 A–B3) (*C3*) **Phukets längster Strand (10 km) im Norden wurde als letzter für den Tourismus erschlossen.**
Noch verteilen sich hier die wenigen Resorts wie die Rosinen im Kuchen, und

DIE WESTKÜSTE

die Gefahr, dass dieser Strand komplett zugebaut wird, besteht nicht – ein großer Teil des Geländes gehört zum Sirinat National Park. Bis auf eine Ausnahme gibt es am Mai Khao nur Resorts der obersten Kategorie. Am Strand finden Sie weder Liegestühle noch Kneipen oder Souvenirshops. Wer lange, einsame Strandspaziergänge liebt, wird begeistert sein.

SEHENSWERTES

SIRINAT NATIONAL PARK
(116 A1) (*C1–2*)

Am nördlichen Ende des Strands beim Visitor Center des Sirinat National Parks hat die Parkverwaltung den INSIDER TIPP *Mangrovendschungel* zugänglich gemacht. Auf dem Plankensteg können Sie durch dieses Gezeitenbiotop spazieren. Mit etwas Glück sehen Sie auch Warane. Der Eingang zum Visitor Center liegt an der alten Straße zum Festland (rechts) ca. 1 km vor der Sarasin-Brücke, die nicht mehr befahrbar ist. *Tgl. 8.30–16.30 Uhr | Eintritt 200 Bath | www.dnp.go.eh (für alle Nationalparks)*

ESSEN & TRINKEN

In der Nähe der Resorts gibt es keine eigenständigen Lokale am Strand. Aber im kleinen Shoppingzentrum *Turtle Village* neben dem Resort Anantara bekommen Sie Eiscreme bei *Swensens*, Bier im *Bill Bentley Pub*, westliche und thailändische Gerichte im *Coffee Club* und Lebensmittel in einem Supermarkt.

EINKAUFEN

Mehrere Boutiquen der gehobenen Kategorie finden Sie im *Turtle Village (www.royalgardenplaza.co.th/turtlevillage)*

ÜBERNACHTEN

INSIDER TIPP MAI KHAO BEACH BUNGALOW

Das mit Abstand günstigste Resort am ganzen Strand. Die Bungalows sind einfach, aber sauber, ausgestattet mit Klimaanlage oder Ventilator. Gute Thaiküche im Restaurant, unter einem Palmlaubdach können Sie sich massieren lassen. *6 Zi. | Mai Khao (nahe Holiday Inn) | Tel. 0818 95 12 33 | www.maikhaobeach.wordpress.com | €–€€*

MARRIOT'S MAI KHAO BEACH

Eines der Top-Resorts auf Phuket. Mit Spitzenrestaurants, Fitnesscenter, Tennisplätzen, drei Pools und dem größten ● Gesundheits- und Schönheitszentrum der Insel. Das Resort setzt sich ein für den Schutz der Seeschildkröten, die am Mai Khao zwischen November und Februar ihre Eier ablegen. *265 Zi. | Mai Khao | Tel. 076 33 80 00 | www.marriott.com | €€€*

Im Blütenmeer: duftendes Bad im Spa des Luxusresorts Marriott Phuket

NAI THON BEACH

INSIDER TIPP ▶ RENAISSANCE PHUKET RESORT & SPA

Alles erstklassig in diesem Edelresort zwischen Strand und einem künstlichen See. Natürlich mit Pool, Spa, Fitnesszentrum, Yogakursen am Beach. Drei Restaurants, ein Café, ein Pub. Im Kids Club können die kleinen Gäste unter Aufsicht von Erzieherinnen herumtollen oder an Playstations spielen, wenn die Eltern mal etwas Zeit für sich haben wollen. *180 Zi. | Mai Khao | Tel. 076 36 39 99 | www.renaissancephuket.com | €€€*

INSIDER TIPP ▶ SALA PHUKET

Sehr trendy und voll schnörkelloser Eleganz ist dieses Resort. Luxuriöse Villen, drei Pools und Spa. *79 Zi. | Mai Khao | Tel. 076 33 88 88 | www.salaphuket.com | €€€*

LOW BUDGET

▶ Die schlichten *Karon Bungalows* kosten nur 500 Baht. Mit Dusche und Ventilator, 100 m zum Strand. *17 Zi. | Karon Beach | 236 Karon Rd. (beim Kreisverkehr) | Tel. 0893 90 40 97*

▶ Mit Aircon und TV ab 1000 Baht, mit Ventilator ab 600 Baht. Mitten in Kata, trotzdem ruhig, zehn Minuten zum Strand. *Fantasy Hill Bungalow | 34 Zi. | Kata Beach | 8/1 Karon Rd. | Tel. 076 33 01 06 | www.sites.google.com/site/fantasyhillbungalow*

▶ Solide Hausmannskost für ein paar Baht finden Sie am Patong Beach an den Ständen in der engen Sackgasse, die von der Soi Bangla vor der Apotheke Family Pharmacy abzweigt.

NAI THON BEACH

(116 A5) (m B–C5) **Noch grasen Wasserbüffel auf den Wiesen hinter dem feinen Sandstrand, aber Nai Thon ist langsam aus seinem Dornröschenschlaf erwacht.**

Entlang der Strandstraße haben sich inzwischen einige kleinere Resorts und ein größeres Hotel angesiedelt. Auch mehrere Lokale und Shops warten schon auf Kundschaft. Aber immer noch ist Nai Thon einer der ruhigsten Strände auf Phuket, und da er ziemlich weit von den touristischen Zentren entfernt liegt, kommen auch bisher kaum Tagesausflügler.

ESSEN & TRINKEN

Einfache Gerichte und Getränke servieren ein paar Strandkneipen. Gute Thaiküche im *Wiwan's* an der Strandstraße.

ÜBERNACHTEN

Keines der Resorts liegt direkt am Strand. Zum Beach geht es von allen Unterkünften über die wenig befahrene Straße.

THE ANGEL OF NAITHON

Schnuckelige Anlage mit rustikalem Charme. Komfortbungalows aus Holz und Zimmer in einem Gebäude um einen Pool herum gruppiert. Auch wenn Sie nicht hier wohnen, gucken Sie mal rein und bestaunen Sie die VW-Oldtimer. Chef Mr. Miyos sammelt „Käfer" und hält auch gern ein Schwätzchen. *10 Zi. | Nai Thon Beach | Tel. 08 18 30 96 28 | www.angelofnaithon.com | €€–€€€*

DIE WESTKÜSTE

Dichter Dschungel bedeckt die Hügel hinter den Stränden von Nai Thon und Nai Yang

NAITHON BEACH RESORT
Geräumige Zimmer in unterschiedlichster Ausstattung. Für Budgettraveller gibt es auch preiswerte Zimmer mit Ventilator für rund 25 Euro. Spa mit Sauna. *45 Zi. | Nai Thon Beach | Tel. 076 20 52 33 | www.phuketnaithonresort.com | €€–€€€*

NAITHONBURI BEACH RESORT
Das mit Abstand beste Haus am Nai Thon Beach ist dreigeschossig um einen Pool herum gebaut. *232 Zi. | Nai Thon Beach | Tel. 076 3187 00 | www.naithonburi.com | €€€*

ZIEL IN DER UMGEBUNG

INSIDER TIPP ▶ HIN KRUAI ●
(118 A1) (*C* B6)
Der Name dieser kleinen Bucht heißt wörtlich übersetzt „Bananenfelsen" – und so ist daraus „Banana Beach" geworden. Ein unbebautes, kleines Paradies mit schneeweißem Sand am blauen Meer. In einer Strandkneipe bekommen Sie Snacks und Getränke. Aber kann gut sein, dass selbst in der Hochsaison außer Ihnen nur wenige andere Gäste hier ihre Fußspuren im Sand hinterlassen. Auf vielen Karten ist die Bucht gar nicht eingezeichnet, und sie ist auch leicht zu übersehen, da von der Straße aus nicht sichtbar. Wenn Sie von Nai Thon Beach Richtung Patong fahren, achten Sie nach ca. 1 km auf ein verwittertes Schild am Straßenrand („Banana Beach"). Ein Trampelpfad führt durch dichtes Grün runter zum Strand.

NAI YANG BEACH

(116 A4) (*C* C4) **Ein Wald aus langnadeligen Kasuarinen zieht sich zwischen Meer und Gummibaumplantagen, dahinter liegen dschungelbedeckte Hügel, in denen Wildschweine durchs Unterholz brechen.**

Dieser Strand eignet sich besonders für Familien und Naturfreunde. Der 2 km lange Nai Yang Beach geht auf Höhe des Flughafens in den 10 km langen Mai Khao Beach über. Nur in ein paar Resorts sowie in den spartanischen Bungalows der Parkverwaltung können Urlauber direkt am Strand wohnen.

Die wenigen Unterkünfte im Dörfchen Nai Yang liegen einige Gehminuten vom

NAI YANG BEACH

Strand entfernt. Vorgelagerte Korallenbänke als natürlicher Schutzwall und die flache Bucht von Nai Yang Beach sorgen dafür, das hier auch in der Monsunzeit das Schwimmen nicht – wie an vielen anderen Stränden – lebensgefährlich wird.

SEHENSWERTES

NATIONAL PARK
Der gesamte Nai Yang Beach gehört offiziell zum Sirinat National Park, der auf vielen Karten auch als Nai Yang National Park bezeichnet wird. Der nördliche Teil des Strands ist unbebaut. Im kleinen Museum der Parkverwaltung bekommen Sie Informationen über die heimische Tierwelt, Muscheln, Korallen und Insekten sind hier ausgestellt. *Tgl. 8.30–12 und 13–16.30 Uhr | Eintritt ins Museum frei, Ausländer müssen aber 200 Baht Eintritt für den Park bezahlen. Wer mit dem Auto durchfährt, bezahlt 30 Baht extra.*

ESSEN & TRINKEN

Viele Garküchen und Open-Air-Restaurants. Nai Yang mit seinen Schattenbäumen ist bei Thais als Picknickplatz beliebt.

INSIDER TIPP ▶ RIVET GRILL
Für den sonntäglichen Brunch in diesem Restaurant des *Indigo Pearl* fahren Kenner selbst von der Südspitze der Insel hoch nach Norden. Sushi, Steaks, Pasta, Austern, Brot, Käse und Kuchen gibt es für 2150 Baht inkl. Wein ohne Ende. Der *Kids Club* des Resorts kümmert sich um Kinder, die unter 12 Jahren umsonst schlemmen. *Tgl. Dinner, Brunch So 12–16 Uhr (Reservierung empfohlen) | Tel. 076 32 70 06 | €€–€€€*

FREIZEIT & SPORT

PHUKET KITE SCHOOL
Wellenreiten mit Windpower: Hier können Sie von Mai bis Ende Oktober lernen, sich von einem Lenkdrachen übers Wasser ziehen zu lassen. Ein einstündiger Anfängerkurs kostet 1200 Baht. *Beach Rd. | Tel. 08 00 77 75 94 | www.kiteschoolphuket.com*

In der anderen Jahreshälfte zieht die Schule um in die Bucht von Chalong *(Wiset Rd.)*, weil dann die Windverhältnisse dort besser sind.

ÜBERNACHTEN

DANG SEA BEACH BUNGALOW
In der Strandmitte unter Kasuarinabäumen stehen diese Bungalows. Einfach, aber gepflegt, ausgestattet mit Aircon, TV, Kühlschrank. In der Umgebung viele einfache Strandlokale. *10 Zi. | Nai Yang Beach | Tel. 076 32 83 62 | www.dangseabeach.com | €€*

THE GOLDDIGGER'S RESORT
Familiäre und gepflegte Anlage, die vom Schweizer Hans Maier geleitet wird. Zimmer mit TV, Kühlschrank, Aircondition oder Ventilator in Reihenhäusern um den Pool. 500 m zum Strand. *26 Zi. | 74/12 Surin Rd. | Tel. 0 76 32 84 24 | www.golddigger-resort.com | €–€€*

INDIGO PEARL
Dieses Topresort wurde im Sommer 2012 renoviert. Mit Spa, drei Pools, zwei Tennisplätze, vier Restaurants. Wer es besonders romantisch mag, kann abends direkt am Strand dinieren. Kurse in Yoga, Pilates und sogar Thaiboxen. *290 Zi. | Nai Yang Beach | Tel. 076 32 70 06 | www.indigo-pearl.com | €€€*

DIE WESTKÜSTE

PANSEA BEACH

(118 A3) (*B7–8*) **Diese kleine Bucht ist von Bang Tao durch ein bewaldetes Felsenkap getrennt und wird durch eine Bergflanke gleich hinterm Strand abgeschirmt.**

Der Pansea Beach ist eine Welt für sich. Und das kann den Gästen der beiden Luxusresorts, dem *Amanpuri* und *The Surin* hoch über dem Meer, natürlich nur recht sein.

ESSEN & TRINKEN

Die Restaurants in den edlen Resorts am Pansea Beach sind ausgezeichnet – aber leider auch ziemlich teuer. Preiswerter die Lokale und Strandkneipen am *Surin Beach*. Bis dahin ist es ein Fußmarsch von nur knapp 10 Gehminuten.

ÜBERNACHTEN

AMANPURI

Erlesene Bungalows im klassischen Thai-Stil. Auch wenn es in die Jahre gekommen ist: Das Amanpuri bleibt in der Weltliga der Top-Resorts. Prominente wie Boris Becker und Robert de Niro können das bestätigen. Und Sie auch, falls Sie mindestens 800 Euro pro Nacht hinblättern. *40 Zi. | 118 Srisoonthorn Rd. | Tel. 076 32 43 33 | www.amanresorts.com | €€€*

THE SURIN

Das einstige Chedi hat nicht nur einen neuen Namen bekommen, sondern wurde bis in den Sommer 2012 hinein auch komplett renoviert. Schindelgedeckte Luxusbungalows im grau-weißen Retrolook in Hanglage. Nicht so elitär wie das Amanpuri nebenan, aber dafür auch deutlich günstiger (ab ca. 300 Euro). Der achteckige Pool mit schwarzen Kacheln ist ein Hingucker. *103 Zi. | 118 Sri-*

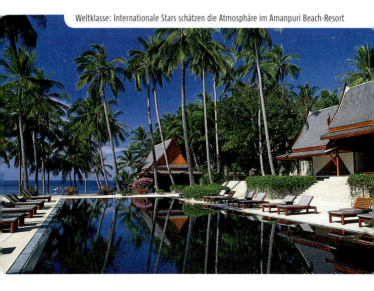
Weltklasse: Internationale Stars schätzen die Atmosphäre im Amanpuri Beach-Resort

PATONG BEACH

soonthorn Rd. | Tel. 076 62 15 80 | www.thesurinphuket.com | €€€

PATONG BEACH

KARTE AUF SEITE 51

(120 A–B2) (C10) **Dort, wo in den 1970er-Jahren Globetrotter in Bambushütten nächtigten, stehen heute Hotels. Und dort, wo noch in den 1980er-Jahren Hütejungen ihre Wasserbüffel trieben, wuchert heute eine Stadt.**

Patong ist das geworden, was viele Touristen nun mal wollen: ein riesiger Rummelplatz. Ob Sie eine Bar, eine Boutique oder eine Bratwurst suchen – hier finden Sie alles. Am 3 km langen Strand stehen die Liegestühle dicht gestaffelt.

Im Zentrum der Touristenstadt schieben sich Massen an Shops und Schneidereien vorbei. Aus Hunderten von Bierbars dröhnt die Musik, es wartet eine Heerschar von Mädchen, Jungs und *ladyboys* (Transvestiten und Transsexuelle) auf den Mann für die Nacht oder fürs Leben. Der Patong ist kein Pensionat für höhere Töchter, hier kommen Matrosen auf Landgang in Stimmung. Und tatsächlich ankern gelegentlich auch Schiffe der US-Marine in der Bucht. Keines von Phukets Spitzenresorts ist hier vertreten. Aber langsam ändert sich etwas. Die ersten gestylten Clubs bereichern die Nightlifeszene, schicke Restaurants und ein paar elegante Boutiqueresorts haben sich angesiedelt. *www.patong-beach.com*

ESSEN & TRINKEN

Die Auswahl ist riesig. Ob internationale oder thailändische Küche, ob preiswert oder exklusiv – am Patong gibt es etwas für jeden Geschmack. Am preiswertesten und oft am schmackhaftesten ist das Essen bei den Garküchen. Viele **INSIDER TIPP** fliegende Köche finden Sie ab dem späten Nachmittag entlang der Mauer des muslimischen Friedhofs in der Strandmitte.

Shops, Stände, Bierbars und Händler: Am trubeligen Patong Beach ist immer was los

DIE WESTKÜSTE

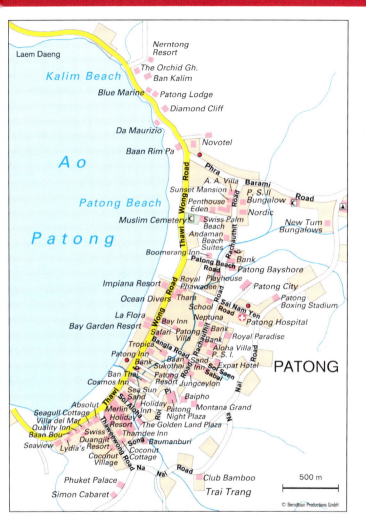

BAAN RIM PA

Patongs ältestes Toprestaurant, am Nordende von Patong gelegen, ist immer noch Spitze. Hier wird bei Pianomusik die Royal Thai Cuisine zelebriert, bei der es nicht nur um frischeste Zutaten geht, sondern auch um die kunstvolle Präsentation der Speisen – ein Genuss für Gaumen und Augen. *Tgl. Lunch/Dinner | 223 Kalim Beach Rd. | Tel. 076 34 07 89 | www.baanrimpa.com | €€–€€€*

JOE'S DOWNSTAIRS

Wer von der Straße die Treppe heruntersteigt, kommt in dieses ganz in Weiß gehaltene Lokal knapp über dem Wasser.

PATONG BEACH

Ein feines Plätzchen für den Sundowner. Aufgetischt wird New World Cuisine vom Portobello-Burger bis zum Rock-Lobster mit Mango. *Tgl. Lunch/Dinner | 223/3 Kalim Beach Rd. | neben Baan Rim Pa | Tel. 076 34 42 54 | www.joesphuket.com | €€€*

THE 9TH FLOOR
Hier gibt es Schweizer Wurstsalat und Steaks, thailändische Garnelensuppe und Risotto. Eigentlich müssten bei dieser wilden Mischung die Alarmglocken schrillen. Aber dieser Laden ist wirklich gut, und die Aussicht vom Open-Air-Restaurant im 9. Stock ist bestechend. *Tgl. ab 16 Uhr | 47 Rat Uthit Rd. | im Sky Inn Condotel | Tel. 076 34 43 11 | www.the9thfloor.com | €€–€€€*

INSIDER TIPP ▶ PUM RESTAURANT
Klassische Thai-Hausmannskost wie gebratene Nudeln oder Currys steht auf der Speisekarte. Den Köchen können Sie in diesem offenen Restaurant bei der Arbeit zuschauen. Und in der ● *Pum's Cooking School* dürfen Sie sogar selbst an den Herd. *Tgl. bis 21 Uhr | 204/32 Rat Uthit Rd. | neben Christine Massage | Tel. 076 34 62 69 | www.pumthaifoodchain.com | €*

SALA BUA
Außergewöhnliche Kreationen wie Entenravioli oder Thai-Klassiker wie grünes

BÜCHER & FILME

▶ **Ao Sane Thailand** – Seit 30 Jahren überwintert der Komponist Bernt Möhrle auf Phuket. Was er gehört, gesehen und erlebt hat, verpackte er in einen sehr persönlichen Krimi. Einer der Schauplätze ist die Bucht von Ao Sane. *www.berntmoehrle.de*

▶ **Liebe, Schnaps, Tod** – Weltumsegler Conrad von Stark erzählt Geschichten über die verborgene Seite Phukets.

▶ **Farang in Thailand** – Thailand-Kenner Günther Ruffert schreibt kritisch und liebevoll über die Thais und ihre so andersartige Denk- und Lebensweise.

▶ **Phra Farang** – Erlebnisse des Briten Peter Robinson, der für zehn Jahre als Mönch *(phra)* ins Kloster ging. Einblick in eine für Fremde normalerweise unzugängliche Welt (auf Englisch).

▶ **Der Mann mit dem goldenen Colt** – James-Bond-Klassiker mit Roger Moore und Christopher Lee (1974). Regisseur Guy Hamilton drehte spektakuläre Szenen in der Bucht von Phang Nga – in der seitdem eine Insel Bonds Namen trägt.

▶ **Die Piratenbraut** – Im Kino floppte die wirre Schatzsucher-Geschichte von Renny Harlin mit seiner damaligen Frau Geena Davis in der Titelrolle (1995). Aber die Kulisse ist grandios. Schließlich wurde vor und in den Klippen von Phang Nga und Krabi gedreht.

▶ **The Beach** – Etwas konfuse Story über Paradiessucher, verfilmt von Danny Boyle mit Leonardo DiCaprio (2000). Schauplätze sind u. a. Ko Phi Phi und Phuket – Aufnahmen, die Fernweh verursachen.

www.marcopolo.de/phuket

DIE WESTKÜSTE

Atemberaubend ist hier nicht nur der Blick: Bungeejumping von einem 50-m-Turm

Curry mit Hühnchen werden in diesem Lokal aufgetischt. Die Gaumenschmeichler bekommen Sie direkt am Strand im Resort *Impiana*. Tgl. ab 12 Uhr | 41 Taweewong Rd. | Tel. 076 34 01 38 | www.sala-bua.com | €€€

EINKAUFEN

Shops, Stände, Trottoirhändler wie Sand am Meer – trotzdem tut man sich schwer, außer Souvenir-Schnickschnack und Plagiaten etwas Originelles zu finden. Das größte Shoppingcenter mit Kaufhaus, Läden und Restaurants ist das ● *Jungceylon* (www.jungceylon.com) an der *Ra Uthit Rd.*

FREIZEIT & SPORT

Fallschirmsegeln, Windsurfen am Strand, Wasserskifahren; Tauchtouren und -kurse werden in vielen Tauchbasen angeboten. Auf Elefanten reiten können Sie im *Camp Chang Kalim* (tgl. 8.30-18.30 Uhr | www.campchang.com) am Kalim Beach gleich nördlich vom Patong Beach. In schnellen Flitzern Gas geben ist möglich auf dem Rundkurs von *Go Kart Speedway* (tgl. 10–22 Uhr | Tel. 076 32 19 49 | www.gokartthailand.com) an der Straße nach Phuket Town. Ein paar Kilometer weiter geht's links ab zum *Kathu Waterfall,* wo kurz zuvor auf einem See *Phuket Waterski Cableways* (Tel. 076 20 25 25 | tgl. 9–21 Uhr) Wasserskifahrer (auch Kinder ab fünf Jahren) an Kabeln mit 28 km/h über den See zieht. Auch Elefantenreiten sowie eine Affen- und Elefantenshow *(11 und 16 Uhr)* sind im Programm.

Wer mal von einem 50-m-Turm fallen möchte, sollte sich *Jungle Bungy Jump* (Tel. 076 32 13 51 | www.phuketbungy.com) an einem kleinen See auf halbem Weg nach Phuket Town anvertrauen (ausgeschildert). Wenn Sie lieber eine ruhige Kugel schieben, können Sie im obersten Stockwerk der *Ocean Plaza (Soi Bangla)* und im *Strike Bowl* im Shoppingcenter Jungceylon von 12 Uhr bis Mitternacht Bowling spielen. Wenn Sie gern in der Gruppe joggen und hin-

PATONG BEACH

terher feiern möchten, können Sie sich den trinkfesten *Hash House Harriers* (www.phuket-hhh.com) anschließen, die jeden Samstag auf wechselnden Pfaden unterwegs sind. Auch außerhalb der großen Hotels gibt es Fitnesscenter *(www.phuket.com/sports/fitness.htm)*.

AM ABEND

Bierbars locken an jeder Ecke, Go-go-Bars warten im Zentrum von Patong auf Kundschaft. Das Epizentrum des Nachtlebens ist die ● *Soi Bangla* mit ihren Seitengässchen. An dieser Amüsiermeile liegen auch die Diskos *Crocodile* und *Dragon*. Die Disko mit dem besten Licht-und-Sound-System dort ist *Seduction (www.seductiondisco.com)*. Die *Banana Disco* beim *Patong Beach Hotel* gehört immer noch zu den Favoriten bei vielen Ausländern, die auf Phuket wohnen, außerdem bei japanischen Touristen.

Jeden Abend locken in der Soi Bangla aufgebrezelte *ladyboys* Kunden für die Travestieshow im *Moulin Rose* an. Für ein Trinkgeld posieren sie auch gern vor den Kameras der Touristen. Die Show selbst *(tgl. mehrmals ab 21.30 Uhr)* ist okay, sie kann aber nicht mit der in Kostümen schwelgenden Darbietung im ★ *Simon Cabaret (tgl. 19.30 und 21.30 Uhr | www.phuket-simoncabaret.com)* an der Straße nach Karon mithalten. In einer rasanten Choreographie mit Musik, Tanz und Comedy präsentieren sich hier in eineinviertel Stunden bis zu 50 der Herren Damen auf der Showbühne.

Im *Hard Rock Cafe* beim Marriott Hotel legt tgl. ab 22 Uhr eine Liveband los. Zum Cafe gehört auch ein Shop mit Souvenirs für Rockfans. Ein Hauch von Las Vegas weht seit Ende 2011 auch am Patong: Tanz und Comedy, Akrobatik und Magie werden geboten im *Danze Fantasy Theatre (Di–So ab 21 Uhr | www.*

Ein Rausch in Farben: Travestieshow im Simon Cabaret

www.marcopolo.de/phuket

DIE WESTKÜSTE

danzefantasy.com) an der Soi Bangla. Ein paar Schritte weiter wird hart und laut gerockt. Im *Rock Star* an der Soi Bangla ebenso wie in der *Rock City*, wo die Bangla in die Rat-U-Thit Rd. mündet. Live und hämmernd ist der Sound auch nebenan in der Disko *Tai Pan (www.taipan.st)*. Der hippste Club ist das INSIDER TIPP *Sound (www.soundphuket.com)* im Jungceylon, dem größten Shoppingtempel der Insel. Der Club könnte mit seinen raffinierten Lichteffekten und der kantenlosen Architektur (die einem menschlichen Ohr nachempfunden ist) auch als Kulisse für einen Sciencefictionfilm dienen.

Schlag auf Schlag zur Sache geht's mit Händen und Füßen im *Patong Boxing Stadium (jeden Mo und Do ab 21 Uhr)*. Die besten Plätze, um Leute zu beobachten, sind an der Soi Bangla die *Kangaroo Bar*, die fast so alt ist wie der Patong selbst (und auch so aussieht), sowie die Hardcore-Schlucker-Kneipen links und rechts davon.

ÜBERNACHTEN

Nur wenige Hotels liegen direkt am Strand. Denken Sie bitte daran, dass es gegen die Landessitten verstößt, in Badehose oder Bikini durch die Straßen zum Beach zu laufen.

INSIDER TIPP BAIPHO

Versteckt in einer Seitengasse, die zum Hotel *Montana Grand* führt, liegt dieses Juwel von einem Boutiquehotel. Der Schweizer Modefotograf Rudi Horber hat es durchgestylt von der indirekten Beleuchtung bis zu den Kunstwerken an den Wänden. Aircon, Minibar, DVD-Player, Pool vom Montana kann mitbenutzt werden. Zum Strand sind es zehn Minuten. *19 Zi. | 205/12–13 Rat Uthit Rd. | Tel. 076 29 20 74 | www.baipho.com | €€*

BOOMERANG INN

Einfache, saubere Zimmer mit TV, Minibar und Aircon. In dem dreistöckigen Gästehaus gibt es einen kleinen Pool. Zentral gelegen, fünf Minuten zum Strand. *61 Zi. | 5/1–8 Hat Patong Rd. (Patong Beach Rd.) | Tel. 076 34 21 82 | www.boomeranginn.com | €–€€*

DUANGJITT RESORT

Hotel- und Bungalowanlage in einem weitläufigen Park. Drei Pools, Spa. Am ruhigen Südende von Patong Beach. Zum Strand sind es drei Minuten. *508 Zi. | 18 Phachanukhork Rd. | Tel. 076 34 07 78 | www.duangjittresort-spa.com | €€€*

ORCHID RESIDENCE

Familiäres Gästehaus mit Aircon, TV, DVD-Player, Kühlschrank. Sieben Minuten zum Strand. *16 Zi. | 171 Soi Sansabai | Tel. 076 34 51 76 | www.orchid-residence.com | €–€€*

ROYAL PHAWADEE VILLAGE

Ein Tropengarten mit Bäumen ist dieses charmante Resort. Holzhäuser im nordthailändischen Stil, mit Balkon, Aircondition, TV. Pool unter Palmen, fünf Minuten zum Strand. *36 Zi. | 3 Sawatdirak Rd. | Tel. 076 34 46 22 | www.royal-phawadee-village.com | €€€*

TROPICA

Zum Beach nur über die Hauptstraße, das Barviertel um die Ecke – dieses Resort liegt sehr zentral, ist mit seinem üppig wuchernden Garten aber trotzdem eine grüne Oase mitten im Trubel. Zimmer in einem zweistöckigen Gebäude oder Bungalows, die um einen Pool herum gruppiert sind. Alle klimatisiert, mit Kühlschrank und TV. *86 Zi. | 132 Thaweewong Rd./Ecke Soi Bangla | Tel. 076 34 02 04 | www.tropica-bungalow.de | €€€*

SURIN BEACH

ZIEL IN DER UMGEBUNG

FREEDOM BEACH (120 A3) (*M B11*)
Am Südende vom Patong Beach liegen an einem schwimmenden Pier Longtails, die Ausflügler in 30 Minuten um eine Felsnase herum zum malerischen Freedom Beach schippern *(hin und zurück ca. 1200 Baht inkl. Wartezeit)*. Es gibt dort keine Resorts, aber ein einfaches Restaurant. Die Liegestühle am feinsandigen Strand sind meist belegt, aber im Vergleich zum Patong herrscht hier erholsame Ruhe. Das Wasser hat Schnorchelqualität. Auf dem Weg liegt der weit weniger besuchte, aber ebenfalls schöne *Paradise Beach*, auch *Diamond Beach* genannt.

SURIN BEACH

(118 A3) (*M C8*) **Der ca. 500 m lange Surin Beach hat sich vom Wasserbüffel- zum Luxusstrand gemausert.**

Die Hügel hinterm Surin Beach wurden und werden mit Villen gespickt. An der Hauptstraße warten im *Plaza* Nobelboutiquen auf zahlungskräftige Kunden. Aber auch hier finden Sie noch preiswerte Unterkunft und nach wie vor Ruhe.

ESSEN & TRINKEN

Die meisten einfachen Strandkneipen mussten schicker Gastronomie weichen. Am trendigsten mit raffiniert indirekt beleuchteter Bar ist der *Catch Beach Club* (www.catchbeachclub.com | €€€) des Edelresorts *Twin Palms*. Jeden Dienstag und Freitag wird ein exzellentes Beach-Barbecue mit Livemusik für 1190 Baht angeboten *(Reservierung unter Tel. 076 31 65 67)*. Im Strandlokal **INSIDER TIPP** *Taste* (www.tastesurinbeach.com | €€€) schmilzt das Tuna-Carpaccio ebenso auf der Zunge wie der warme Ziegenkäsesalat mit Balsamico.

INSIDER TIPP CUDOS
Das schnörkellos elegante Restaurant eröffnete 2011 und hat sich auf mediterrane Küche spezialisiert. Nach dem Safranrisotto können Sie sich auch noch eine Creme Brulee gönnen, und natürlich werden dazu auch die entsprechenden Weine kredenzt. Der Open-Air-Bereich ist wie ein kleines Theater gestaltet. Samstagabends spielen Livebands oder flimmern Filmklassiker wie „Casablanca" über die Leinwand. *Mo–Sa ab 17 Uhr | Hauptstraße neben Shoppincenter Plaza | Tel. 076 38 65 98 | www.cudosrestaurant.com | €€€*

OPUS ONE
Wie wär's mit einem Rinder-Carpaccio vor dem Trüffelrisotto? Die Speisekarte in diesem Toprestaurant ca. 5 Minuten vom Strand entfernt mit mediterran angehauchter Küche ist klein, aber fein, die Liste der edlen Weine dafür umso länger. Genießen können Sie klimatisiert oder unter freiem Himmel auf dem Dach des Edel-Shoppingzentrums *The Plaza Surin*. *Tgl. Dinner | Hauptstraße Richtung Bang Thao | Tel. 076 38 65 62 | www.opusonephuket.com | €€€*

EINKAUFEN

The Plaza Surin an der Hauptstraße ist ein edles Shoppinzentrum, in dem sich die Besitzer der Villen in dieser Gegend gern mit Möbeln, Kunst und Antiquitäten eindecken. *Soul of Asia*, eines der besten Antiquitätengeschäfte der Insel, hat hier seinen Sitz. Aber auch Bekleidung und Souvenirs der gehobenen Klasse sind im Angebot. Ein paar Schritte weiter im *Central Wine Cellar* lagern auch deutsche Weine. An der Beachroad

DIE WESTKÜSTE

Wunderschön und immer gut besucht: die Laem Singh Bay

neben dem Surin Bay Inn duftet es im *Lemongrass* nach Seifen, Lotionen, Badezusätzen und anderen hausgemachten Spa-Produkten.

ÜBERNACHTEN

BENYADA LODGE
Elegantes und schnörkelloses Boutiquehotel. Zimmer mit Aircon, TV sowie Minibar. Dachterrasse mit Bar und Sonnenliegen. Zum Beach sind es nur zwei Minuten. *29 Zi. | Surin Beach | Tel. 076 27 12 61 | www. benyadalodge-phuket.com | €€€*

SURIN BAY INN
Familiäres Haus nur drei Minuten zu Fuß vom Strand entfernt. Wenn Sie auf dem Balkon Ihres Zimmers stehen, haben Sie die ganze Bucht im Blick. Gepflegte Räume mit Klimaanlage, TV, Kühlschrank. Für den nicht gerade billigen Surin Beach sehr gutes Preis-Leistungs-Verhältnis. *12 Zi. | Surin Beach | Tel. 076 27 16 01 | www. surinbayinn.com | €€*

SURIN SWEET HOTEL
Große, saubere Zimmer mit Aircon, Balkon, Kühlschrank, TV. Mit Pool. *30 Zi. | Surin Beach | Tel. 076 27 08 63 | €€*

TWIN PALMS
Durchgestyltes Top-Resort. Luxuriöse Zimmer, einige mit eigenem Pool. *76 Zi. | Surin Beach | Tel. 076 31 65 00 | www. twinpalms-phuket.com | €€€*

ZIEL IN DER UMGEBUNG

LAEM SINGH (118 A3) *(C8)*
Am Löwenkap, 1,5 km südlich von Surin auf der Straße Richtung Patong Beach, liegt tief unter der Straße die landschaftlich vielleicht schönste Bucht Phukets: Felsen wie auf den Seychellen, ein Bächlein fließt vom Fuß der grünen Hügel durch den feinsandigen Strand ins Meer. Da schon nahe am Patong Beach, kommen auch viele Motorboote. Leider ist es hier immer rappelvoll. Es gibt keine Resorts, aber mehrere Strandrestaurants. Parkmöglichkeiten sind oben an der Straße.

SÜD- UND OSTKÜSTE

An der Ostküste Phukets liegt zwar die Inselhauptstadt, aber außerhalb der Metropole hat der Tourismus noch nicht viel verändert. Gerade deswegen ist die Ostküste aber beliebt als Wohngegend für Ausländer, die auf Phuket leben.

Die Strände sind meist schlammig und steinig. Mangrovenwälder und Aufzuchtfarmen für Krabben und Krebse säumen die Küste. Aber südlich des Hafens von Phuket, ab dem Kap Phan Wa, und in der Bucht von Chalong finden entdeckungsfreudige Urlauber einige akzeptable Strände. Vor allem bieten sie ein noch weitgehend ursprüngliches Hinterland. Und ganz unten im Süden locken sogar ein Superstrand und zwei malerische Buchten.

AO CHALONG

(120–121 C–D 4–5) (*m E–F12*) **Die Bucht von Chalong ist ein beliebter Ankerplatz für Segelyachten aus aller Welt, die hier Schutz vor den Monsunstürmen finden.**

Fischer landen ihren Fang an, im Hinterland grasen Ziegen in Kokospalmplantagen. Erst ein paar Kilometer südlich vom Pier am *Mittrapab (Friendship) Beach* und am *Laem Ka Beach* ist der Strand sauber, bei Ebbe ist aber Schwimmen nicht möglich. Stichstraßen führen zum Wasser und zu den wenigen Resorts. Sie können auch zu vorgelagerten Inseln schippern. Wer Ruhe sucht, ein Auto oder Moped hat, wird sich hier wohlfühlen.

Bild: Nai Harn Beach

Nur wenige Touristen – aber dafür umso mehr Natur, normales Dorfleben und grandiose Sonnenuntergänge

SEHENSWERTES

BIG BUDDHA ★
Zwar ist die komplette Anlage noch nicht ganz fertig, aber mit seinen 45 m Höhe ist der riesige Buddha auf dem 400 m hohen Berg Nagakerd bereits jetzt ein überwältigender Anblick. Da sie ausschließlich mit Spendengeldern erbaut wird, zieht sich die Fertigstellung der kompletten Anlage wohl noch ein paar Jahre hin. Die Figur ist aber jetzt schon sehr eindrucksvoll – und die Aussicht phantastisch. *Eintritt frei | kurz hinter Chalong an der Hauptstraße Richtung Airport, Abzweigung ausgeschildert | www.mingmongkolphuket.com*

WAT CHALONG ★ ●
3 km nördlich vom Kreisverkehr im Dorf Chalong glänzen an der Umgehungsstraße Richtung Airport die roten Dächer des größten buddhistischen Klosters von Phuket in der Sonne. Zum chinesischen Neujahrsfest findet hier alljährlich ein großer Jahrmarkt statt. *Eintritt frei*

AO SANE BEACH

ESSEN & TRINKEN

SEAFOODLOKALE IN DER CHALONG BAY

Berühmt ist das *Kang Eang (tgl. ab 11 Uhr | Tel. 076 38 12 12 | www.kaneang-pier.com | €€–€€€)*, das direkt am

Wohnen am Ao Sane Beach – wildromantisch und sehr rustikal

Pier liegt. Besonders schön am Abend, wenn sich die Lichter im Wasser spiegeln. Das INSIDER TIPP *Palai Seafood (tgl. ab 10 Uhr | Tel. 076 28 21 74 | €€–€€€)*, direkt am Strand 1 km hinter dem Phuket Zoo, ist nur wenig von Touristen besucht, aber hier bekommen Sie ebenfalls sehr gutes Essen. Beliebt bei Seglern mit Hunger auf Burger ist *Jimmy's Lighthouse (tgl. ab 9 Uhr | Tel. 076 38 17 09 | €–€€)* links vom Chalong-Pier.

FREIZEIT & SPORT

Am Ortsrand von Chalong, an der Straße Richtung Kata Beach, finden Sie eine Reihe von Freizeitangeboten *(alle tgl. 9–18 Uhr)*. In der *Phuket Shooting Range* können Sie auf Scheiben oder Tontauben schießen. Beim *Paintball* beschießen sich die Akteure mit (harmlosen) Farbpatronen. Auch Elefantenreiten, Affen- und Schlangenshows sind im Angebot.

ÜBERNACHTEN

FRIENDSHIP BEACH RESORT

Der Oldtimer unter den Phuket-Resorts auf halbem Weg zwischen Chalong und Rawai ist beliebt bei Langzeitgästen. Zimmer, Apartments, Bungalows mit allen Annehmlichkeiten. Pool am Meer. Fr und So Jam-Sessions. *40 Zi. | Soi Mittrapab | Tel. 076 28 89 96 | www.friendshipbeach.com | €€€*

SHANTI LODGE

Familäres und bestens geführtes Haus, an einer ruhigen Seitengasse ca. 1 km nördlich vom Chalong-Kreisverkehr an der Bypass Rd. gelegen. Mit Salzwasserpool und Restaurant, Aircon oder Ventilator. *14 Zi. | 1/2 Soi Bangrae | Choafa Nok Rd. | Tel. 076 28 02 33 | www.shantilodge.com | €*

AO SANE BEACH

(120 A–B6) (C14) Diese INSIDER TIPP **wildromantische Felsenbucht** liegt am Ende der Straße, die vom Nai Harn Beach unter dem Yacht Club hindurch einen Hügel hinauf- und wieder hinunterführt.

SÜD- UND OSTKÜSTE

Hier finden Sie eine kleine Welt für sich an zwei winzigen Stränden, an denen bei Ebbe die Korallen aus dem Wasser ragen. Für Kinder sind die Strände allerdings wegen der Verletzungsgefahr nicht geeignet. Alles ist noch ziemlich natürlich. Zwei Resorts teilen sich dieses Paradies. Inzwischen kommen aber auch viele Tagesgäste hierher, denen es an ihren eigenen Stränden zu voll ist.

FREIZEIT & SPORT

Die einzige Tauchbasis auf Phuket, die direkt am Strand liegt, betreiben Armin und Sylvia bei den *Ao Sane Bungalows*. Zum Schnuppertauchgang am Hausriff können Sie zu Fuß gehen. *www.armins-diveteam.de*

ÜBERNACHTEN

BAAN KRATING JUNGLE BEACH
Unter Laubbäumen liegen geräumige Holz- oder Betonbungalows mit Aircon, TV und Minibar. Kleiner Pool. Das Essen ist im Restaurant der benachbarten *Ao Sane Bungalows* besser und billiger. *65 Zi. | Ao Sane | Tel. 076 28 82 64 | www.baankrating.com | €€€*

LAEM PHAN WA

(121 E4) (M F12) **Laem bedeutet Kap, und an diesem liegt am Fuße grüner Hügel, gesäumt von Palmen, der schönste Strand der Ostküste.**

Die Resortgäste haben die Bucht für sich allein. Durch die geschützte Lage gibt es auch in der Monsunzeit selten hohe Wellen. Der richtige Platz für Ruhesuchende, die Komfort wünschen und Stadtnähe schätzen.

SEHENSWERTES

PHUKET AQUARIUM ★ ●
Die meeresbiologische Station ist als *Phuket Aquarium* bekannt. Sie liegt am Südzipfel des Kaps und widmet sich neben der Forschung auch der Aufzucht von Meeresschildkröten. In den Aquarien schwimmt von Haien bis Korallenfischen alles, was rings um Phuket zu Hause ist. *Tgl. 8.30–16 Uhr | Eintritt 100 Baht | Sakdidet Rd. | www.phuketaquarium.org*

ESSEN & TRINKEN

PANWA HOUSE
Das zauberhafte weiße Haus sieht aus wie die Villa eines Zinnbarons. Die Thai-Küche wird direkt am Strand serviert. *Di–So Dinner | im Cape Panwa Hotel | Tel. 076 39 11 23 | €€–€€€*

MARCO POLO HIGHLIGHTS

★ **Big Buddha**
Der höchste Buddha Thailands thront auf einem Berggipfel
→ S. 59

★ **Wat Chalong**
Phukets größter buddhistischer Tempel wird Neujahr zum Festplatz → S. 59

★ **Phuket Aquarium**
Auge in Auge mit Haien und Korallenfischen → S. 61

★ **Nai Harn Beach**
Traumhafte Tropenbucht
→ S. 62

★ **Laem Promthep**
Logenplatz für Sonnenuntergänge → S. 63

NAI HARN BEACH

ÜBERNACHTEN

CAPE PANWA HOTEL
Zimmer mit allem Komfort im Hotelgebäude und in sechs Bungalows am Hang. Pool, Tennisplätze und sogar eine kurze Drahtseilbahn vom Hotel runter zum Strand. *246 Zi. | Sakdidet Rd. | Cape Panwa | Tel. 076 39 11 23 | www.capepanwa.com | €€€*

NAI HARN BEACH

(120 B6) (*C14*) ⭐ Blaues Meer, breiter Sandstrand, eingerahmt von grünen Bergflanken und dahinter eine Lagune – kein Wunder, dass sich am Nai Harn Beach Hippies und Rucksacktraveller besonders festklammerten, als der Tourismus auf Phuket begann.

Inzwischen sind die Hippies und ihre Pfahlhütten verschwunden, aber ein Rummelplatz ist Nai Harn nicht geworden. Nur zwei Resorts finden Sie hier, dazu einige Souvenirshops und Open-Air-Kneipen. Die meisten Besucher sind Tagestouristen, denen es an ihrem eigenen Strand zu trubelig ist. In der Hauptsaison gehen hier viele Segelyachten vor Anker.

ESSEN & TRINKEN

Spitzenküche wird in den zwei erstklassigen Restaurants des *Yacht Clubs (beide tgl. Dinner | Tel. 076 38 11 56 | €€–€€€)* serviert. Zur Happy Hour von 18–19 Uhr können Sie auf der Terrasse zwei Sunset-Cocktails zum Preis von einem schlürfen. Mehrere einfache Open-Air-Lokale befinden sich an der Zufahrt zum Beach und hinter der Strandpromenade. Leckere Törtchen und guten Kaffee gibt es im **INSIDER TIPP** *A Spoonful of Sugar (Di–So 8–19 Uhr | €)*, einem charmanten Cafe im Retrostil an der Saiyuan Rd., gegenüber der Herbal Sauna. Ca. 300 m vorher auf derselben Straßenseite bietet der Franke German in seiner *German Bakery (tgl. 7.30–17.30 Uhr | €)* frisch gebackenes Brot und dazu herzhafte Wurstwaren an. Zwischen diesen beiden Lokalen auf der linken Seite der Saiyuan gehobene

EIN ALLZWECKBAUM

Für Touristen ist sie das Symbol für Fernweh und die Tropen. Aber für die Thais ist die Kokospalme der Baum der Bäume. Nicht nur wegen der großen Früchte mit der köstlichen Milch, die klar wie Wasser ist. Die Kokospalme liefert den Menschen weit mehr: Das getrocknete Fruchtfleisch, die Kopra, wird zu Öl verarbeitet und zum Kochen ebenso benutzt wie zum Herstellen von Seife. In der harten, inneren Schale kann man beispielsweise den Latexsaft der Gummibäume auffangen. Die äußere Schale heizt getrocknet dem Herdfeuer ein. Den geraden Stamm der Palme kann man zu Brettern zersägen. Die gefiederten Palmwedel lassen sich zu Dachplatten flechten, die wenigstens für einige Jahre selbst dem stärksten Monsunregen trotzen. Und das Beste an diesem Allzweckbaum: Er ist genügsam und wächst in feuchten Wiesen ebenso wie am heißen Sandstrand.

www.marcopolo.de/phuket

SÜD- UND OSTKÜSTE

Felsenkap Laem Promthep: beliebter Aussichtspunkt für spektakuläre Sonnenuntergänge

italienische Küche im *Da Vinci (Mo–Sa Dinner | Tel. 076 28 95 74 | www.davinci phuket.com | €€–€€€)*.

FREIZEIT & SPORT

Die **INSIDER TIPP** 2 km lange Promenade rund um den See hinterm Strand ist die schönste Joggingstrecke auf Phuket. Wundern Sie sich nicht, wenn dort, wo die Straße zum Kap Promthep abzweigt, vorbeifahrende Autos und Mopeds hupen. Es gilt nicht Ihnen, sondern ist eine Ehrerbietung für den chinesischen Schrein an dieser Stelle. Wenn Sie das Tor aufschieben, können Sie in das kleine Häuschen reingehen und auch einige der dort kostenlos ausliegenden Räucherstäbchen entzünden.

ÜBERNACHTEN

THE ROYAL PHUKET YACHT CLUB ●
Das schon in den 1980er-Jahren gebaute Hotel ist etwas in die Jahre gekommen, aber die Lage ist immer noch erstklassig. Alle Zimmer haben große Terrassen und bieten eine tolle Sicht auf die Bucht. Wegen der Hanglage gibt es nur einen kleinen Pool. Die öffentliche Straße nach Ao Sane führt direkt unter dem Quarterdeck-Restaurant des Hotels durch. *110 Zi. | Nai Harn Beach | Tel. 076 38 02 00 | www. theroyalphuketyachtclub.com | €€€*

ALL SEASONS
Das Resort liegt nicht unmittelbar am Strand, aber bis dahin sind es nur ein paar Schritte über die Straße. Komfortable Zimmer, zwei Pools, Sauna. *154 Zi. | Nai Harn Beach | Tel. 076 28 93 27, www.allseasons-naiharn-phuket.com | €€€*

ZIEL IN DER UMGEBUNG

LAEM PROMTHEP ★
(120 B6) (*C14*)
Auf das Felsenkap, den südlichsten Punkt der Insel, zieht es zu den phan-

RAWAI BEACH

RAWAI BEACH

tastischen Sonnenuntergängen ganze Busladungen von Touristen (Zufahrt von Rawai und Nai Harn aus möglich). Vom Kap *(Leam)* haben Sie einen herrlichen Blick aufs Meer, die Bucht von Nai Harn und die Insel Man. Im **INSIDER TIPP** Gartenlokal des *Promthep Cape Restaurant (Tel. 076 28 86 56 | €)* können Sie

(120 B–C6) (D14) Der Rawai Beach war nie ein Touristenstrand. Dafür ist es hier einfach zu schlammig, weil sich

Fisch frisch aus dem Meer gibt's auf dem Fischmarkt am Rawai Beach

einen *Phuket Paradise Cocktail* schlürfen. Die Küche ist okay, aber nicht außergewöhnlich. Reservieren Sie einen Tisch mit Meerblick! Auch Garküchen und Getränkestände gibt es am Kap.
Zu Ehren des Königs wurde hier ein ● Leuchtturm *(tgl. 10–18 Uhr)* gebaut, in dessen klimatisiertem Innenraum Sie Seekarten, Schiffsmodelle und Sextanten sehen. Eine tolle Sicht hat man auch vom **INSIDER TIPP** Aussichtspunkt der ✿ *Promthep Alternative Energy Station* an der Straße von Nai Harn zum Kap (nehmen Sie die Abzweigung beim Windrad).

das Wasser bei Ebbe weit zurückzieht. Im Wasser fühlen sich allenfalls Seegurken wohl.
Beliebt war der Strand trotzdem bei Dauer- und Langzeiturlaubern und bei den Thais selbst. Im Dorf Rawai stand die Zeit irgendwie still, unter den Kasuarinabäumen am langen Strand konnte man an den vielen Garküchen gut und billig schlemmen – bis der Fortschritt kam. Eine Promenade (auf der kaum jemand läuft) wurde gebaut, die Strandköche mussten ans hintere, schattenlose Ende ins *Pakbang Food Center* weichen. Zudem wurde eine vierspurige Asphalt-

SÜD- UND OSTKÜSTE

piste mitten durch den Ort gezogen. Der Dorfcharakter wurde dadurch fast völlig zerstört.

ESSEN & TRINKEN

BAAN HAD RAWAI
Am Südende des Rawai Beach werden Thai-Gerichte und Meeresfrüchte unter freiem Himmel serviert. Auch viele Thais sind unter den Gästen – das ist ein gutes Zeichen! *Tgl. | Tel. 076 38 38 38 | €–€€*

FLINTS ONE
Brötchen, Brot und Törtchen sind superlecker in dieser Bäckerei. Außerdem werden Sandwiches mit Wurst und Käse sowie guter Kaffee angeboten. *Tgl. | Strandstraße an der Einmündung der Straße nach Phuket Town | Tel. 076 28 92 10 | €*

AM ABEND

Die Bars *Nikita* und *Freedom* sind ein beliebter Treff für die wenigen Touristen und die *falang,* die hier ständig wohnen.

ÜBERNACHTEN

SIAM PHUKET RESORT
Das Resort bietet angenehme Zimmer mit Fernseher und Minibar. Die gepflegte Anlage wurde rund um einen Pool herum gruppiert. *40 Zi. | 24 Viset Rd. | Tel. 076 28 89 47 | €€*

YA NUI BEACH

(120 B6) (*C14*) **Der malerische kleine Strand liegt in der Talsenke auf halbem Weg zwischen Nai Harn und Promthep.** Die Zahl der Tagestouristen ist auch in der Hochsaison überschaubar.

ÜBERNACHTEN

INSIDER TIPP NAI YA BEACH BUNGALOWS
Die einfachen, aber attraktiven Pfahlbungalows (Ventilator) liegen 5 Minuten bergauf unter alten Laubbäumen in einer gepflegten Anlage. Alle mit Veranda, geräumig und sauber. Viele Langzeiturlauber genießen hier die Ruhe. Frühstück und Snacks im Restaurant. *20 Zi. | Anfang Nov.–Ende April geöffnet | 99 Soi Ya Nui | Viset Rd. | Rawai | Tel. 076 28 88 17 | €*

LOW BUDGET

▶ Die *Ao Sane Bungalows* in der Bucht von Ao Sane sind mit ihren gepfählten Bambushütten Relikte aus der Hippiezeit (300 Baht mit Dusche). Selbst die Bungalows mit Ventilator kosten alle unter 1000 Baht. Viele Stammgäste, Segler, Topküche. *23 Zi. | Ao Sane | Tel. 076 28 83 06*

▶ Frühstück für 30 Baht: *Kanom Chin,* Reisnudeln mit Currysoße, dazu rohes und eingelegtes Gemüse und Kräuter, wird in einem namenlosen Lokal angeboten *(Fr–Mi 7–11 Uhr).* Wenn Sie von Nai Harn hochkommen, links in die Sai Yuan Rd. abbiegen, nach ca. 150 m rechts (gegenüber Didis Hairsalon). Achtung: Hier spricht keiner Englisch!

▶ *On The Rock*: Zimmer mit Ventilator oder Aircon für 800 bis 1200 Baht. Hinter Resort *Yacht Club*. Zum Nai Harn Beach zwei Minuten zu Fuß. *Tel. 08 69 52 08 19*

Bild: Phuket Town, Montri Road

PHUKET TOWN

 KARTE IM HINTEREN UMSCHLAG
(121 D–E 2–3) *(E–F 10–11)* **Phuket Town ist die Hauptstadt der Inselprovinz, aber trotzdem keine Provinzstadt.**
Während anderswo die alten Holzhäuser längst Betonkästen weichen mussten, blieben in *Old Phuket Town*, dem Zentrum von Phuket Town, viele Bauten im sogenannten sino-portugiesischen Stil erhalten. Vom Zahn der Zeit und vom Tropenklima ziemlich mitgenommen, tragen sie zum Charme dieser geschäftigen 70 000-Einwohner-Stadt bei.

Natürlich haben auch die bauwütige Neuzeit und der Tourismus ihre Spuren hinterlassen. Aber Besuchern, die tagsüber für ein paar Stunden ihre Strände verlassen und in die Stadt kommen, entgeht oft, dass nur eine Parallelstraße neben den gesichtslosen Neubauten und Souvenirshops das alte Phuket noch lebt. Wer etwas Muße mitbringt und auch mal um die Ecken schaut, entdeckt so manche Details, die sich zu einem liebenswerten Ganzen fügen.

SEHENSWERTES

JUI TUI TEMPLE
(U A3–4) *(a3–4)*
Dieser chinesisch-taoistische Tempel an der Ecke Ranong Rd./Soi Phu Thon ist dem Vegetariergott Kiu Wong In geweiht und Schauplatz vieler Zeremonien beim *Vegetarier-Festival*. Gleich daneben der ebenfalls taoistische Tempel *Kwan Im Teng* (oft auch *Put Jaw*), auf dessen Dächern sich Drachen aufbäumen. Er ist der

Alte Villen im sino-portugiesischen Stil, jede Menge Restaurants, Folklore und viele kleine Läden – Phuket Town bietet Abwechslung

Göttin der Gnade geweiht und mit über 200 Jahren der älteste chinesische Tempel Phukets. *Eintritt frei*

OLD PHUKET TOWN ★ ●
(U B3) *(m b3)*

Wie keine andere Stadt in Thailand hat Phuket Town alte Architektur mit kolonialem Charme zu bieten. Den sino-portugiesischen Baustil brachten chinesische Einwanderer aus dem benachbarten Malaysia mit. Die Altstadt nördlich des Kreisverkehrs beim zentralen Markt

> **WOHIN ZUERST?**
> **Kreisel (U B3–4)** *(m b3–4)*:
> In den zentralen Kreisel münden die Bangkok Rd., Ranong Rd., Yaowaraj Rd. und Rasada Rd. Hier kommen die öffentlichen Busse und Pickups von den Stränden an. Links geht's zum Markt, gleich nördlich sind Sie schon mitten in der Altstadt. Wenn Sie nach rechts gehen, erreichen Sie das Geschäftsviertel.

In Phukets Soi Rommani haben wunderschöne Villen die Zeiten überdauert

ist gespickt mit stuckverzierten Shophäusern. Unten werden Geschäfte gemacht, oben wohnen ganze Familien. Besonders in der *Thalang Road* spazieren Sie durch die Baugeschichte der Stadt. Schöne Beispiele für gelungene Restaurierung alten Gemäuers sehen Sie in der Seitengasse *Soi Rommani*. Repräsentative Stadtvillen einstiger Zinnbarone stehen z. B. entlang der *Krabi Road*. Herausragend dort die über 100 Jahre alte *Phra Pitak Chinpracha Mansion*. Nach aufwändiger Restaurierung beherbergt Sie heute das Restaurant *Blue Elephant (s. S. 69)*.

ORCHID GARDEN & THAI VILLAGE
(119 D5) (*F10*)

Thai-Tänze, Thai-Boxen, Thai-Heirat – jede Menge Folklore wird hier an einem See auf einer ehemaligen Zinnmine geboten. Reines Touristenspektakel, aber durchaus unterhaltsam. Auch die obligaten Elefanten stehen für einen kurzen Ritt bereit, das Angebot der Souvenirshops wird hier gleich an Ort und Stelle produziert, und auf 1600 m² blühen Orchideen. *Shows tgl. 11 und 17.30 Uhr | Eintritt 250 Baht | am nördlichen Stadtrand links ab vom Highway Richtung Airport (ausgeschildert) | Tel. 076 2148 60*

RANG HILL ★ (U A1–2) (*a1–2*)

Auf Thai heißt der Hausberg von Phuket Town am nordwestlichen Stadtrand *Khao Rang* (Zufahrt über die *Kho Simbi Rd.* oder die *Soi Wachira*). Er ist zwar nur bescheidene 139 m hoch, bietet aber eine schöne Sicht über die ganze Stadt – und vielen Affen eine Heimat. Wem der Joggingpfad nach oben zu schweißtreibend ist, der probiert die ordentliche Thai-Küche im *Tung-Ka Cafe (Tel. 076 2115 00 | €)*.

SAM SAN TEMPLE (U A3) (*a3*)

In diesem *Sanjao* (chinesischer Tempel) an der *Krabi Road* wird *Tien Sang Sung Moo* verehrt, die Göttin der See und Schutzpatronin der Seeleute und Fischer. Sehr fotogen hebt sich das Eingangstor mit seinen kunstvollen Skulpturen, den chinesischen Schriftzeichen und leuchtenden Farben gegen den meist blauen Himmel ab. *Eintritt frei*

THAIHUA MUSEUM ● (U B3) (*b3*)

Phukets älteste chinesische Schule aus dem Jahr 1934 ist zum Museum umge-

PHUKET TOWN

baut worden. Sie finden hier viele historische Fotos, Exponate und Infos über die thai-chinesische Geschichte der Stadt. Und auch das Gebäude im sino-portugiesischen Stil ist sehenswert. *28 Krabi Rd. | Di–So 11–19 Uhr | Eintritt 200 Baht | www.thaihuamuseum.com*

WAT SIREY (119 F6) (*G10*)
Verlässt man das Stadtzentrum auf der Sri Suthat Rd. Richtung Osten, fährt man, ohne es zu merken, auf einer Dammbrücke auf die kleine Insel *Ko Sirey*. Von der Hauptinsel ist sie nur durch den schmalen *Klong* (Kanal) *Tha Jeen* getrennt. Hier auf einem Felsenberg liegt der buddhistische Tempel *Wat Sirey* mit seinem 10 m langen, liegenden Buddha. Auch eine schöne Aussicht können Sie genießen.

ESSEN & TRINKEN

ANNA'S (U B4) (*b4*)
Ein Restaurant mit Stil hinter restaurierten, historischen Mauern. Die westliche Küche ist so lala, die Thai-Gerichte sind aber authentisch. *Tgl. Lunch/Dinner | 13 Rasada Rd. | nahe Kreisverkehr | Tel. 076 21 05 35 | €–€€*

BAAN KLUNG JINDA RESTAURANT (U B3) (*b3*)
In einer wunderschönen alten Stadtvilla können Sie Thai-Küche in stilvollem Ambiente genießen. Und sich sogar ihre Hochzeit ausrichten lassen. *Tgl. | 158 Yaowaraj Rd. | Tel. 076 22 17 77 | www.baanklung.com | €€*

BLUE ELEPHANT ★ (U B3) (*b3*)
Der Name steht für eine Kette von herausragenden Thairestaurants in Europa und Asien. In Phuket hat sich der blaue Elefant in einer über 100 Jahre alten, herrschaftlichen Villa in der Altstadt niedergelassen. Royal Thai Cuisine vom Feinsten. Und in der hauseigenen Kochschule können Sie sich sogar selbst an den Herd stellen oder versuchen, aus einer Melone ein Kunstwerk zu schnitzen. *Tgl. Lunch/Dinner | 96 Krabi Rd. | Tel. 076 35 43 55 | www.blueelephant.com/phuket | €€€*

LE CAFÉ (U B4) (*b4*)
In diesem angenehmen, kleinen Café im Bistrostil werden westliche und thailändische Gerichte serviert. *Tgl. ab 10 Uhr | 64/5 Rasada Centre | Rasada Rd. | €*

INSIDER TIPP CHINA INN (U B3) (*b3*)
Ein Lokal mit Charme in einem liebevoll restaurierten, sino-portugiesischen Stadthaus. Die Thai-Küche ist authentisch und vorzüglich. *Mo–Sa | 20 Thalang Rd. | Tel. 076 35 62 39 | €–€€*

HOKKIEN NOODLE SOUP (U B3) (*b3*)
Für weniger als einen Euro wird in diesem einfachen Lokal jeden Tag bis zum

---

MARCO POLO HIGHLIGHTS

★ **Jui Tui Temple**
Hier wohnen die Götter und Göttinnen der Chinesen → S. 67

★ **Old Phuket Town**
Wo die Villen der Gummi- und Zinnbarone stehen → S. 67

★ **Rang Hill**
Vom Hausberg aus liegt Ihnen die ganze Stadt zu Füßen → S. 68

★ **Blue Elephant**
Die Thaiküche ist ebenso exquisit wie die historische Villa, in der sie serviert wird → S. 69

späten Nachmittag eine leckere Nudelsuppe serviert. *Am Kreisverkehr nahe Markt* | €

KA JOK SI (U B4) *(m b4)*
In einem zwar etwas engen, aber gemütlichen historischen Stadthaus mit antikem Dekor können Sie ausgezeichnete und preiswerte Thai-Küche genießen. Und wenn später am Abend ein Ladyboy Songs schmettert und Chef Mr. Lek Tango tanzt, dann stehen die Gäste auch schon mal klatschend auf den Stühlen – oder tanzen mit. *Di–Sa Dinner | 26 Takua Pa Rd. | Tel. 076 2179 03* | €€

INSIDER TIPP SIAM INDIGO
(U B3) *(m b3)*
Ein Juwel ist diese liebevoll restaurierte Stadtvilla. Erstklassige authentische Thai-Küche, z. B. Ente in mildem Curry *(massaman)*. *Tgl. ab 11 Uhr | 8 Phang Nga Rd. | Tel. 076 25 66 97 | www.siamindigo.com* | €€–€€€

LOW BUDGET

▶ Im *Thavorn Hotel* gibt es schon für 250 Baht ein Zimmer mit Ventilator, für 500 Baht eins mit Aircon. Etwas angejahrt, aber die Zimmer sind geräumig (und zur Straßenseite hin laut). Ein Teil der nostalgischen Lobby ist als ● Museum ausgewiesen. *200 Zi. | 74 Rasada Rd. | Tel. 076 2113 33 |*

▶ Unschlagbar günstig telefonieren Sie in der Filiale der staatlichen *Communication Authority of Thailand (CAT)*: 2,5 Baht pro Min. nach Hause. *Mo–Fr 8–20 Uhr, Sa/So 8–17 Uhr | 112/2 Phang Nga Rd. (nahe Hauptpostamt)*

▶ Hier kosten schmackhafte Gerichte nur maximal 100 Baht: Das beste *Chicken & Rice* gibt es im *Kota Khao Man Gai (Soi Surin | nahe Crystal Inn, gegenüber der Orthopaedic Clinic)*. Muslime essen gern *Murtabak* und *Roti*, eine Art Pfannkuchen, gefüllt mit Huhn oder Gemüse, besonders lecker bei *Abdul* und *Aroon*. Beide haben ihre Lokale am oberen Ende der *Thalang Rd., nahe Thepkrasattri Rd. (tgl. 6–17.30 Uhr)*.

EINKAUFEN

Im Zentrum von Phuket Town reiht sich entlang der Haupteinkaufsstraßen *Ranong, Rasada, südliche Yaowaraj, Montri* und *Tilok Uthit 1 Rd.* ein Geschäft an das andere. Das größte Kaufhaus mit dem größten Supermarkt der Innenstadt ist das *Robinson* an der *Tilok Uthit 1 Rd.*, hinter der Ocean Shopping Mall. Das zweitgrößte Shoppingzentrum der Insel, das *Central Festival*, liegt am Stadtrand an der Straße Richtung Patong. Am Abend strömen die Thais zum *Night Market* an der *Ong Sim Phai Rd.*, hauptsächlich wegen der vielen Essensstände.

INSIDER TIPP ISLAND PARADISE
(U B3) *(m b3)*
Kleine, aber feine Boutique. Ausgewählte Einzelstücke und Accessoires von hauchzarter Beachwear bis zu flippigen Gürteln. *8 Phang Nga Rd., neben Siam Indigo*

OLD PHUKET GALLERY ●
(U B3) *(m b3)*
In diesem historischen Stadthaus wird das alte Phuket auf Schwarz-Weiß-Fotos gezeigt. Viele Motive gibt es auch auf Ansichtskarten. *74 Thalang Rd.*

PHUKET TOWN

INSIDER TIPP ▶ OLDEST HERBS SHOP
(U B3) (📍 b3)
Wenn Sie in der Altstadt immer der Nase nach gehen, können Sie diese traditionelle chinesische Apotheke nicht verfehlen. Eröffnet wurde sie 1917 vom Großvater des jetzigen Besitzers, Mr. Wiwan. Viel hat sich in diesem Laden seitdem nicht verändert. Wie seit eh und je duftet es nach Kräutern, die Medizin sind. Wenn Sie ein Wehwehchen schildern, wird Ihnen hier das passende Mittel ganz ohne Chemie zusammengestellt. *16 Thalang Rd.*

PRIVATE COLLECTION (U B3) (📍 b3)
Seide, Schmuck, Kunsthandwerk aus Kaschmir und Indien in einer schön restaurierten Stadtvilla. Nicht die üblichen Souvenirs, aber auch nicht billig. *265 Yaowaraj Rd.*

SOUTHWIND BOOKS (U B3) (📍 b3)
Eine größere Auswahl an Büchern und Zeitschriften werden Sie auf der ganzen Insel nicht finden. Alle Bücher stammen aus zweiter Hand, sind aber in vielen Sprachen zu haben – auch auf Deutsch. *3 Phang Nga Rd.*

V. MULTI GEMS INTERNATIONAL
(U C3) (📍 c3)
Das etablierte Juweliergeschäft hat eine gute Reputation. Perlen, Juwelen

Verlockend: Die Marktstände quellen über vor exotischen Früchten und Gemüsen

und Schmuck gibt's in riesiger Auswahl. Man kann sich auch Stücke nach eigenen Vorstellungen entwerfen und fertigen lassen. Ebenso darf man den Juwelieren und Goldschmieden bei der Arbeit zuschauen und lernt dabei etwa, wie Rohedelsteine geschliffen werden. *154 Thepkrasattri Rd. | www.vmultigems.com*

INSIDER TIPP ▶ WUA ART GALLERY
(U C3) (📍 c3)
Künstler Mr. Zen liebt Malerei im minimalistischen Stil und unterhält sich darüber auch gern mit Besuchern. Seine Galerie hat er selbst zum Gsamtkunstwerk gestylt. *95 Phang Nga Rd. | tgl. 10–22 Uhr*

Kampfsportart mit Händen und Füßen: Muay thai, Thai-Boxen, ist der Nationalsport

FREIZEIT & SPORT

PEARL BOWLING (U C4) *(c4)*
Die Bowlingbahnen liegen neben dem *Pearl Hotel*. Nachmittags kommen Sie auch ohne Reservierung zum großen Wurf. *Tgl. ab 14 Uhr | Montri Rd. | Tel. 076 2114 18*

AM ABEND

Während sich die meisten Touristen lieber in den Bars der Strände vergnügen, schätzen die Einheimischen eher die Nachtclubs, Pubs, Coffeeshops und Karaokelokale in der Stadt. An einigen Plätzen treffen aber auch Thais und ortskundige *falang* aufeinander. So im rustikalen *Timber & Rock (118/1 Yaowaraj Rd.)*, wo jeden Abend außer So ab 21 Uhr eine Rockband einheizt. Im *Rockin Angels (tgl. 20–1 Uhr | 54 Yaowaraj Rd. | kurz vor Abzweigung Thalang Rd.)* rockt Patrick als Ein-Mann-Band, und es ist schon voll, wenn zehn Leute da sind. Ortsansässige *falang* treffen sich in *Michaels Bar (tgl. 11–1 Uhr | Takua Pa Rd. www.phuket-town.com/michaels)* vorm Riesenbildschirm oder zum Poolbillardspielen. Junge und hippe Thais gehen gern in die Disko *Kor Tor Mor (tgl. 20–2 Uhr | 41/5 Chana Charoen Rd. | nahe Robinson)*. Liveband und DJs mit Faible für Hip-Hop sorgen für den Sound.

Englischsprachige Filme können Sie im *Paradise Multiplex* an der *Tilok Uthit Road* neben dem Ocean-Shoppingcenter in mehreren Kinos sehen. Thai-Boxen gibt es jeden Freitag ab 20 Uhr im *Boxing Stadium (Saphan Hin)* am südlichen Ende der Phuket Road ca. 2 km außerhalb des Zentrums.

ÜBERNACHTEN

In puncto Preis-Leistungs-Verhältnis sind die Unterkünfte weit besser als an den Stränden. Da auf der Insel kein Weg sehr lang ist, bietet sich die Stadt als Alternative an, z. B. um erst mal die verschiedenen Strände unter die Lupe zu nehmen.

CRYSTAL INN (U C4) *(c4)*
Modernes Stadthotel, das in dieser Ausstattung an den Stränden mindestens das Doppelte kosten würde. Alle Zimmer mit Aircon, TV, Minibar. Internetcafé im Haus. Zentrale Lage. *54 Zi. | 2/1–10 Soi*

PHUKET TOWN

Surin | Montri Rd. | Tel. 076 25 67 89 | www.phuketcrystalinn.com | €

ON ON HOTEL (U B3) (*b3*)
Das zentral gelegene Haus aus den 1920er-Jahren ist selbst ein Stück Stadtgeschichte. Die beliebteste Travellerherberge der Stadt war auch schon Drehort für „The Beach" mit Leonardo DiCaprio. Im Sommer 2012 wurden die doch sehr runtergekommenen Zimmer grundlegend renoviert. *49 Zi. | 19 Phang Nga Rd. | Tel. 076 22 57 40 | €*

PEARL HOTEL (U C4) (*c4*)
Die einstige Nummer eins ist in die Jahre gekommen, hat aber alle Annehmlichkeiten, einen kleinen, sehr schönen Pool – und abendliche Livemusik im Coffeeshop. Unterm Dach ein ausgezeichnetes Chinarestaurant. Der Massagesalon ist für ein Thai-Hotel nicht unüblich und stört nicht. Zentral. *250 Zi. | 42 Montri Rd. | Tel. 076 211044 | www.pearlhotel.co.th | €€*

ROYAL PHUKET CITY (U D4) (*d4*)
Das beste Hotel der Stadt hat ein sehr gutes Preis-Leistungs-Verhältnis. Fitnesscenter, Pool, Sauna, Spa. Die leckersten Törtchen der Stadt bekommen Sie im **INSIDER TIPP** *Bistro 154* im Haus. *251 Zi. | 154 Phang Nga Rd. | gegenüber Busbahnhof | Tel. 076 23 33 33 | www.royalphuketcity.com | €€–€€€*

THALANG GUESTHOUSE (U B3) (*b3*)
Untergebracht in einem mehr als 70 Jahre alten Stadthaus. Die schlichten Zimmer sind entweder mit Aircon oder Ventilator ausgestattet. ☼ Zwei Zimmer im obersten Stock haben Balkon und Logenblick auf die Straße. Der Chef Mr. Ti ist sehr hilfsbereit. *12 Zi. | 37 Thalang Rd. | Tel. 076 2142 25 | www.talangguesthouse.com | €*

AUSKUNFT

TOURISM AUTHORITY OF THAILAND (TAT) (U C3) (*c3*)
Hotellisten, Fahrpläne und Broschüren bekommen Sie hier, auch von privaten Anbietern. *191 Thalang Rd. | Tel. 076 2110 36 | tatphket@tat.or.th*

ZIELE IN DER UMGEBUNG

BOAT LAGOON (119 D3) (*F8*)
In der Marina Boat Lagoon, Phukets ältestem Yachthafen, sind auch Landratten willkommen. Restaurants, Bars und Cafes warten auf Gäste. Exzellente thailändische und italienische Küche serviert das *Watermark (tgl. ab 12 Uhr | Tel. 076 23 97 30 | www.watermarkphuket.com | €€–€€€)*. In der ● Patisserie gibt es feinstes Gebäck und leckere Pralinen und Törtchen. Ach ja, die Yachten können Sie auch kaufen oder chartern *(Thepkasattri Rd., ca. 10 km nördlich von Phuket Town Richtung Airport)*.

PHUKET TIN MINING MUSEUM ● (119 D4) (*E9*)
Schon früher war Phuket eine wohlhabende Insel. Das Vermögen lag damals unter der Erde: Zinn. Unter welchen Bedingungen es geschürft wurde, ist im Museum anschaulich dargestellt. Sogar ein kompletter Stollen mit lebensgroßen Minenarbeitern wurde nachgebaut. Dazu erfahren Sie hier alles über Phukets Zinn-Geschichte. Auch das Gebäude im sino-portugiesischen Stil ist sehenswert. Nahe bei Phuket Town und doch mitten im Grünen, abseits der Touristenrouten an der Straße, die ca. 7 km nördlich von Phuket Town vom Hwy. zur British International School abzweigt (kurz nach der Einmündung der Umgehungsstraße 402 in den Hwy.). Das Museum steht ca. 1,5 km westlich der Schule. *Mo–Sa 9–16 Uhr | Eintritt 100 Baht | Tel. 076 32 21 40*

INSELN UND ZIELE UM PHUKET

Bild: Similan-Insel in der Andamanensee

Wie Smaragde auf blauem Samt liegen rings um Phuket viele Inseln. Einige haben puderzuckerweiße Strände, andere sind nur bizarre Kalksteinfelsen.

Alles über Krabi, Ko Phi Phi, Ko Lanta und Ko Jum finden Sie im MARCO POLO Reiseführer „Krabi".

PHANG NGA BAY

(122 B3) (*G–H 1–2*) ★ **Die Phang-Nga-Bucht nordöstlich von Phuket ist gespickt mit Kalksteininseln und Felsen. In einigen Inseln liegen Tropfsteinhöhlen, deren Eingänge nur bei Ebbe mit dem Kanu oder dem Longtail passierbar sind.**

Hier wurde 1974 eine Szene für „Der Mann mit dem goldenen Colt" gedreht. Dahinter erhebt sich *Ko Tapu,* die Nagelinsel, die sich mit ihrem unterspülten Felsenfuß tatsächlich wie ein Nagel aus dem Meer reckt.

Ko Pannyi wird oft fälschlich als *Sea Gypsy Island* vermarktet. Tatsächlich werden die ins seichte Meer gepfählten Häuser am Fuß eines mächtigen Felsmassivs von Muslimfamilien bewohnt. Die Restaurants am Rand des Pfahldorfes sind Pflichtstopp bei organisierten Phang-Nga-Touren. Sie werden in jedem Reisebüro angeboten und führen von Phuket per Bus nach Phang Nga zum Pier von Tha Dan. Dort warten Boote, um Besucher durch die Bucht zu schippern. Für die Fahrtzeit ab Brücke/

Wie aus dem Bilderbuch – Dschungel und Puderzuckerstrände, bizzarre Felsen und türkisfarbenes Wasser ...

Festland im Norden Phukets müssen Sie ca. 50 Min. rechnen.

Sie können die Bootstour aber auch schon von Phuket aus starten. Boote in die Phang Nga Bay legen am Pier von *Ao Po* **(117 E5)** *(ɱ G5)* ab *(Tagescharter für ein Longtail ca. 4000 Baht, Platz für acht Personen)*. Besonders romantisch ist der Törn auf den Dschunken *June Bahtra* und *Ayodhaya (Tagestour ca. 3500 Baht, Sunset-Trip ca. 2400 Baht | Buchung übers Reisebüro oder unter www.phuket-travel.com/cruises)*.

Am schönsten präsentiert sich die Bucht mit ihren steil aus dem Wasser ragenden Felsenbergen im milden Licht der aufgehenden Sonne und des Nachmittags. Wer die Tour lieber auf eigene Faust unternehmen will, kann unterhalb des Piers von Tha Dan direkt am Wasser (kein Badestrand!) im komfortablen *Phang Nga Bay Resort (88 Zi. | 20 Tha Dan Rd. | Tel. 076 41 20 67 | €€)* übernachten und dann am Pier ein Longtail chartern. Der Tagestrip kostet ca. 4000 Baht, Platz haben acht Personen.

KO LONE

Eins der beliebtesten Postkartenmotive Thailands: Blick vom Viewpoint auf Ko Phi Phi

KO LONE

(120–121 C–D 5–6) (*M E–F 13–14*)
Obwohl nur eine Viertelstunde vom Pier in Chalong entfernt, ist diese bergige Dschungelinsel, auf der nur einige Fischer und Kautschukzapfer leben, ein grünes Paradies für Ruhesuchende.

ÜBERNACHTEN

CRUISER ISLAND RESORT
Attraktive Bungalows mit Klimaanlage und TV. Pool, Tennisplatz. Öko-orientiertes Management, das auf Recycling und Schutz der Korallen Wert legt. Buchungsbüro in *Rawai (Soi Sermsuk | Viset Rd.)*. Tel. 076 38 32 10 | www.cruiserislandresort.com | €€€

KO PHI PHI

(121 E–F 5–6) (*M G–H 13–14*) ★ Gäbe es eine Rangliste der schönsten Inseln der Welt, Ko Phi Phi hätte eine gute Chance auf einen der vordersten Plätze. Die Insel ist ein grünes Gebirge im Meer, mit dramatischen Felsformationen und Traumstränden, umgeben von Tauch- und Schnorchelgründen, die zu den besten in diesem Teil der Welt zählen. Das Paradies hat aber auch seine Schattenseiten. Nach dem Tsunami wurde die Chance für einen geordneten Wiederaufbau nicht genutzt. Fast jeder Quadratmeter der bebaubaren Fläche im Tonsai-Inseldorf *(Ban Laem Trong)* ist ausgenutzt worden. Tausende von Tagesausflüglern, die mit der Fährbootflotte von Phuket, Krabi, Lanta herüberschippern, quetschen sich durch das enge Zentrum. Erst ab Nachmittag haben die Inselurlauber Ko Phi Phi wieder für sich. Unter ihnen sind viele junge Leute, die gern Party feiern – und nicht wissen, dass sie in einem Muslimdorf wohnen. www.phi-phi.com | www.phiphihotels.info | www.phiphi.phuket.com | www.gophiphi.com

SEHENSWERTES

VIEWPOINT (121 F6) (*M H14*)
Hinter Tonsai Village geht es auf einem steilen, aber ausgebauten Weg etwa eine halbe Stunde bergauf zum Aussichtspunkt. Oben genießt man eiskalte Getränke und sieht eines der beliebtesten Ansichtskartenmotive Thailands. Wer den gleichen Weg nicht zweimal gehen will, kann in etwa 20 Minuten durch den Wald auf einem sehr steilen Trampelpfad zur **INSIDER TIPP** *Ran-Ti-Bucht* hinunter-

INSELN UND ZIELE UM PHUKET

steigen. Dort gibt es ein paar einfache Bungalows und Longtails, die Sie zurück ins Dorf bringen.

ESSEN & TRINKEN

In dem kleinen Inseldorf servieren viele Restaurants thailändische Küche und Seafood, aber auch internationale Küche. Top-Adresse ist *Le Grand Bleu (€€)*. Frisches Baguette mit Schinken und Käse finden Sie in der *Pee Pee Bakery (€)*.

FREIZEIT & SPORT

Über ein Dutzend Tauchbasen machen sich auf Phi Phi Konkurrenz. Das drückt die Preise und verschafft den Unterwasserfreunden eine gute Wahl.

AM ABEND

In mehreren rustikalen Bars und Freiluftkneipen können die Nächte im Village lang werden. Der In-Treff ist *Carlitos Bar*. Aber auch in *Hippies Bar* und im *Apache* treffen sich die Nachtschwärmer gern.

ÜBERNACHTEN

In der Hauptsaison – und vor allem um den Jahreswechsel – wird es sehr eng. Sie sollten dringend vorher buchen. Und dran denken: Das Preis-Leistungs-Verhältnis ist auf der meist rappelvollen Insel nicht das beste.

INSIDER TIPP GARDEN INN BUNGALOW
(121 F6) (*H14*)
Die Holzbungalows und Zimmer im Gästehaus mit Klimaanlage oder Ventilator sind einfach, aber gepflegt. Gartenanlage mit üppigem Grün. Zum Strand von Lo Dalam fünf Minuten. *9 Zi. | Dorfende rechts vom Aufgang zum Viewpoint | Tel. 08 17 87 43 51 | www.krabidir.com/garden innbungalow | €–€€*

PHITAROM (121 F6) (*H14*)
Die sehr komfortablen Bungalowzimmer in Hanglage sind alle mit Klimaanlage, TV und Kühlschrank ausgestattet. Am hinteren Ende des Inseldorfs an der Lo

---

MARCO POLO HIGHLIGHTS

★ **Phang Nga Bay**
Wo Kalksteinberge aus dem Meer wachsen → S. 74

★ **Ko Phi Phi**
Filmreif: Zwillingsinsel, ganz nach dem Geschmack von Hollywood → S. 76

★ **Ko Raya Yai**
Ein Dschungelberg im Meer mit Sahnestrand → S. 79

★ **Ko Similan**
Farbenprächtige Naturwunder unter Wasser in einem der Top-Tauchreviere der Welt → S. 79

★ **Ko Yao Noi**
Wo die Nashornvögel fliegen – eine grüne Insel zum entspannen → S. 80

KO PHI PHI

Dalam Bay. Pool. *52 Zi.* | *Tel. 075 60 11 21* | *www.phiphiresortphitharom.com* | €€€

ZIELE IN DER UMGEBUNG

Bootstouren inklusive Lunchbox und Schnorchelausrüstung zu festen Preisen hebt sich wie eine Felsenburg aus dem tiefblauen Meer. Sehenswert ist hier die *Viking Cave*. Die an Wikingerschiffe erinnernden Felsmalereien sind zweifelhaften Ursprungs, aber die von der Höhlendecke hängenden Bambusstangen sind garantiert echt. An denen hangeln

Filmkulisse und traumhafte Felsenbucht: Maya Bay auf Ko Phi Phi Le

finden Sie überall. Longtails können zu Festpreisen gechartert werden. Hinweistafeln mit den Tarifen z. B. am Pier.

INSIDER TIPP KO MAI PAI
(122 C5) (*ɯ j5*)

Auf *Bamboo Island*, wie Ko Mai Pai auch genannt wird, setzen Tagesausflügler selten ihren Fuß, denn der flache Winzling ist eher für Phi-Phi-Besucher geeignet, die etwas mehr Zeit mitbringen. Wasser und Strand sind allererste Sahne.

KO PHI PHI LE (122 C6) (*ɯ j6*)

Die kleine *(le)*, unbewohnte Schwester der Insel Phi Phi Don *(don = groß)* erhebt sich wagemutige Schwalbennestsammler nach oben, um die Speichelnester der Salangane zu pflücken.

Eine traumhafte Felsenbucht mit türkisgrünem Wasser ist die *Phi Le Bay*. Die *Maya Bay* übertrifft sie noch: Kalksteinwände steigen bis zu 200 m hoch aus dem Wasser und bilden eine atemberaubende natürliche Arena. Hier wurde „The Beach" mit Leonardo DiCaprio gedreht. Ranger patrouillieren den Strand und kassieren von jedem Ausländer 200 Baht Nationalparkgebühr. Kommen Sie am besten morgens oder am späten Nachmittag, wenn weniger Rummel herrscht!

INSELN UND ZIELE UM PHUKET

KO RAYA YAI

(122 A6) *(m g6)* ★ Diese grüne, bergige Insel mit schneeweißen Stränden teilen sich ein paar Fischerfamilien, Strandkneipen und acht Resorts. Trotz Tagesausflügler stellt sich hier das perfekte Inselfeeling ein.

Und wenn Sie es ganz ruhig wollen, laufen Sie einfach in 15 Minuten zur anderen Inselseite rüber. Raya-Touren (auch Racha geschrieben) bietet jedes Reisebüro an. Speedboote fahren morgens vom Chalong-Pier in 40 Minuten hinüber. Sie können bis zu 20 Passagiere mitnehmen *(retour ca. 1500 Baht).* www.suedthailand.info/koh_raya

ÜBERNACHTEN

BUNGALOW RAYA RESORT
Einfache Bungalows mit Dusche und Ventilator (Strom nur bis Mitternacht) in Hanglage und phantastischer Aussicht. Zur Anlage gehört noch ein gutes Restaurant direkt am Meer. *20 Zi. | Tel. 076 35 20 87 | www.bungalowraya.com | €€*

THE RACHA
Traumhaft schön und an einem wunderbaren weißen Strand gelegen ist dieses Villenresort mit Ökophilosophie. Beim Bau wurden so wenig Bäume wie möglich gefällt – und zudem für jeden gefällten zwei neue gepflanzt. Wo immer dies möglich ist, dürfen die Palmen durch die Dächer wachsen. Abfall wird weitestgehend recycelt und der Strand täglich gesäubert. Diesen müssen sich die Gäste des Resorts allerdings mit Tagesausflüglern teilen. Zwei Pools, Tennisplatz, Fitnesscenter und Spa. *85 Zi. | Büro in Chalong kurz vorm Pier | Tel. 076 35 54 55 | www.theracha.com | €€€*

KO SIMILAN

(O) *(m 0)* ★ Diese neun dschungelbewachsenen Felseninseln 110 km nordwestlich von Phuket sind unbewohnt. Sie haben nur ein paar kleinere Sandstrände zu bieten.

Was ihre Faszination ausmacht, liegt unter Wasser. Das Tauchrevier der Similans gehört zu den Topdestinationen weltweit. Großfische wie Walhaie und Mantas sowie eine sensationelle Korallenwelt bekommen Taucher und Schnorchler bei Sichtweiten von bis zu 30 m zu sehen. Mehrtägige Touren mit Segel- oder Motoryachten zu den Similans bieten alle Tauchbasen an. Reisebüros offerieren auch Tagestouren für Schnorchler bzw. Trips mit Übernachtung auf der Insel Nr. 4 an. Erst geht es im Minibus von Phuket aufs Festland nach Taplamu (ca. zwei Stunden), von dort in ca. 1,5 Stunden mit dem Speedboot rüber nach Similan. Die Inseln sind Nationalpark *(Eintritt 200 Baht),* und die Parkverwaltung bietet für Übernachtungsgäste

LOW BUDGET

▶ Die Bungalows von *P. P. Nice Beach* sind spartanisch, aber mit Ventilator und Dusche ausgestattet. Ab 800 Baht. Am ruhigen westlichen Ende der Tonsai Bay hinter dem Hospital. *16 Zi. | Tel. 08 94 51 64*

▶ Eine Unterkunft für 800 Baht direkt am Beach? Die *Baan Tha Khao Bungalows (Tel. 076 58 27 33 | www.kohyaobungalow.com)* auf Ko Yao Noi machen's möglich. Und für 500 Baht pro Tag können Sie ein Kajak gleich dazu mieten.

KO YAO NOI

auch Zimmer in Bungalows oder Zelte an *(www.dnp.go.th)*. Von Anfang Mai bis Ende Oktober ist der Park wegen des Monsun geschlossen.

KO YAO NOI

(122 B4) *(m h4)* ⭐ **Die zweitgrößte Insel in der Bucht von Phang Nga ist ein grünes Juwel im Meer, mit Fährbooten in einer halben Stunde von Phuket aus zu erreichen – und trotzdem verirren sich nur wenige Touristen hierher. Der Grund: Ko Yao Noi kann keine Traumstrände vorweisen, bei Ebbe zieht sich das Wasser weit zurück.**

Aber das ist auch ein Segen! Die Insel der knapp 4000 muslimischen Farmer und Fischer hat sich ihren ursprünglichen Charme bewahrt. Ein perfektes Plätzchen, um zu entspannen und Natur zu erleben. Anfahrt mehrmals täglich von Phuket (Pier Bang Rong an der Ostküste) und von der Provinz Krabi (Pier Thalane). *www.koyaoislands.com, www.suedthailand.info/koh_yao, www.kohyaotravel.com*

ESSEN & TRINKEN

Im Inselhauptdorf, das einfach „Talad" (Markt) genannt wird, servieren Dora aus Dänemark und Stephane aus Frankreich im liebenswerten INSIDER TIPP *Je t'aime (Tel. 076 59 74 95 | €–€€)* nicht nur Fisch, sondern auch echten thailändischen Kaffee und Cocktails. An der Ringstraße kurz vor dem Pasai Beach tischt Frank aus Berlin im *Rice Paddy (Tel. 076 45 42 55 | €–€€)* Bratkartoffeln und Steaks auf, und als Nachttisch können Sie sich ein Cappucinoeis gönnen. Ebenfalls an der Ringstraße, kurz vor der Takhao-Bucht kommt bei Romano aus Italien im *La Luna (Tel. 08 46 29 15 50 | www.lalunakohyao.com | €–€€)* die Pizza frisch aus dem Ofen. Im *Pasai Seafood (Tel. 08 72 64 12 81 | €–€€)* am gleichnamigen Strand können Sie sich Thaigerichte und Meeresfrüchte direkt am Beach schmecken lassen.

EINKAUFEN

An den Stränden bzw. an der Ringstraße erhalten Sie das Notwendigste in kleinen Läden. Im Hauptort gibt es ein paar Shops für den täglichen Bedarf und den einzigen klimatisierten *7-Eleven*-Laden der Insel, der aber kein Alkohol verkauft. Beim 7-Eleven finden Sie jedoch einen Bankautomaten, an dem Sie Geld mit der Kreditkarte abheben können. Eine Auswahl an Spirituosen und Weinen gibt es im *Wine Shop* neben dem Restaurant *Je t'aime*.

FREIZEIT & SPORT

Viele Resorts und Tourveranstalter verleihen Kajaks oder bieten organisierte Touren in die Inselwelt der Bucht von Phang Nga an. Ebenso bekommen Sie Fahrräder, mit denen Sie auf der gut ausgebauten und kaum befahrenen Ringstraße in etwa 1,5 Stunden einen großen Teil von Ko Yao Noi erkunden können. Die Insel ist Heimat vieler Vögel, auch die seltenen Nashornvögel sind hier noch heimisch. INSIDER TIPP Ornithologieexperte Mr. Bay nimmt Sie mit auf eine vogelkundliche Wanderung. Kontakt über *Ulmar's Nature Lodge (Tel. 076 58 27 28)* in der Takhao Bay. Dort steht auch der Pavillon für die Yoga-Sessions von ● *Island Yoga (Tel. 08 46 90 37 31 | www.thailandyogaretreats.com)*. Ko Yao Noi und die Inselchen drumherum mit ihren vielen Kalksteinklippen sind ein Dorado für Kletterer. Die Jungs von *Ko Yao Rock Climbing (Thakhao Bay) | Tel. 08 48 41 15 40 | www.themountainshop.org)* bringen Sie in die Wand. Unter Wasser geht's mit *Koh Yao Diver (Basis im Lom Lae*

INSELN UND ZIELE UM PHUKET

Beach Resort im Süden der Ostküste | Tel. 076 59 74 06 | kohyaodiver.com). Wie Sie mit Händen und Füßem richtig zuschlagen, können Sie lernen in der *KYN Gym (Dorf Lamsai | beim Lamsai Village Gotel | Tel. 08 22 89 42 76 | www.phuket-krabi-muaythai.com).* Dort unterrichten der thailändische Ex-Champion Hlukhin und die englische Profiboxerin Lisa. Im Inselhauptort zeigt Ihnen Mrs. Mina in ihrer *Tappee Thai Cookery Class (Tel. 08 78 87 31 61),* wie man Curry und Co. zubereitet.

ÜBERNACHTEN

Fast alle Unterkünfte liegen an den Stränden der Ostküste, die über die Ringstraße erschlossen sind. Etwa zwei Dutzend meist einfacher Resorts warten auf Gäste. Ein Refugium der absoluten Spitzenklasse und eines der exklusivsten Resorts in Südthailand ist das Six Senses.

KOYAO ISLAND RESORT

Stolze Preise und dann nicht mal Klimaanlage und TV? Hier ist das Absicht. Die bis zu 120 m² großen Villen sind in traditionellem Stil weitgehend aus Naturmaterialen gebaut (sogar die Badewannen sind aus Holz), die keine Hitze speichern, die Luft zirkulieren lassen und perfekt in den Palmenwald direkt am Meer am passen. Ein Ökoresort vom Feinsten mit zwei Pools. *22 Zi. | Klong Jark Beach | Tel. 076 59 74 74 | www.koyao.com | €€€*

NAM TOK BUNGALOW

„Take it easy" steht auf einem Schild am Eingang. Im Restaurant können Sie in der Hängematte schaukeln, und die rustikalen Bungalows mit Aircon oder Ventilator lassen Erinnerungen an die Hippiezeit aufkommen. Feines Plätzchen, um abzuhängen. *15 Zi. | Takhao Bay | Tel. 08 52 58 78 24 | www.namtokbungalow.com | €–€€*

SABAI CORNER

Der Oldtimer unter den Koy-Yao-Resorts liegt schön am Hang unter Bäumen direkt am Meer. Palmlaubgedeckte Holzbungalows mit Ventilator in verschiedenen Größen. Auch ein Haus für fünf Personen können Sie mieten. Schnuckeliges Restaurant. *12 Zi. | Klong Jark Beach | Tel. 076 59 74 97 | www.sabaicornerbungalows.com | €–€€*

SIX SENSES

Auch die Villen dieses Edelresorts sind zum großen Teil aus Naturmaterialen

Wer Ruhe und Entspannung sucht, ist auf Ko Yao Noi genau richtig

KO YAO YAI

Luxus ohne Pomp und das auch noch mit Ökotouch finden Sie im Six Senses

erbaut, die Schlafräume sind klimatisiert. Luxus ohne Protz bis ins Detail, und dazu gehört auch der Extrakühlschrank für die Weine. Die Anlage zieht sich von einem Dschungelberg bis runter ans Meer zu einem kleinen Privatstrand, wo abends Filme über eine Leinwand flimmern. Den Mangrovenwald gleich nebenan können Gäste auf einem Plankensteg erkunden. Kräuter, Obst, Salate werden im eigenen Garten gezogen, Abfälle kompostiert, Plastikflaschen gibt es hier nicht. Pool, Spa, Fitnesscenter, Tennisplatz. *50 Zi. | zwischen Klong Jark Beach und Takhao Bay | Tel. 076 418500 | www.sixsenses.com/sixsenses yaonoi | €€€*

INSIDER TIPP SUNTISOOK RESORT

Wohlfühlresort und Familienbetrieb, in dem sich Chefin Chui um alles kümmert und zusammen mit ihrer Mama kocht – auch Kartoffelbrei! Geräumige Bungalows mit Aircon, TV, Kühlschrank oder Ventilator in einem gepflegten Garten. Zum Strand über die kaum befahrene Straße. *9 Zi. | Takhao Bay | Tel. 076 582750 | €–€€*

KO YAO YAI

(122 B4–5) (h4–5) Die größere Schwester der beiden Yao-Inseln ist etwa doppelt so groß und doppelt so lang (ca. 25 km) wie die kleinere. Hier steckt der Tourismus noch nicht mal in den Kinderschuhen – er wird gerade erst geboren.

Außerhalb der zehn Resorts gibt es auf der Insel mit ihren sieben Dörfchen praktisch keine touristische Infrastruktur. Genau das richtige für Naturliebhaber, die Ruhe suchen und ursprüngliches, ländliches Inselleben kennenlernen wollen. Die meisten der 12 000 Insulaner leben im Südteil der Insel. Anfahrt

INSELN UND ZIELE UM PHUKET

mit täglichen Fähren vom Phuket-Hafen oder vom Pier Bang Rong. Die Boote nach Ko Yao Noi legen einen Zwischenstopp im Norden der Insel ein. Infos zu Ko Yao Yai auch auf den bei Kao Yao Noi genannten Webseiten.

ESSEN & TRINKEN

Beim Loh Jark Pier im Südteil der Insel können Sie Huhn vom Grill und scharfen Papayasalat an Garküchen mit Blick aufs Meer verzehren. An der Zufahrtsstraße zum Pier preist das *Bua Siam Restaurant (€)* seine Thai-Gerichte sogar auf einer englischsprachigen Speisekarte an.

EINKAUFEN

Eine betonierte Straße durchzieht die Insel von Nord nach Süd. Entlang der Straße finden Sie immer wieder kleine Läden mit Lebensmitteln und Bedarfsartikeln. Die meisten Shops warten im Süden der Insel im Hauptdorf beim Pier auf Kundschaft.

FREIZEIT & SPORT

Die kaum befahrene Hauptstraße und die von dort abzweigenden Straßen/Pisten zu den Stränden sind ideales Revier für Mountainbiker. Räder und Mopeds können Sie in den meisten Resorts mieten. Mr. Virote, der Chef vom *Activities Resort (Hauptstraße im Südteil der Insel | Tel. 076 58 24 75 | www.kohyao activitiesresort.com)* vermietet nicht nur Bungalows, sondern veranstaltet auch Ökotouren, z. B. **INSIDER TIPP** Kajaktrips durch die Mangroven bei Vollmond. Auch Ausflüge hoch zu Pferd durch Wald und Flur und zum Strand bietet er an. Die *Elixir Divers (im Elixir Resort | Tel. 08 78 97 00 76 | www.elixirdivers.com)* sind die einzige Tauchbasis der Insel.

ÜBERNACHTEN

ELIXIR RESORT
Mit Palmstroh gedeckte Komfortbungalows in einer weitläufigen Gartenanlage direkt am Beach. Das beste Haus im Südteil der Insel. Mit Pool und Fitnesscenter. *31 Zi. | Loh Yark Bay | Tel. 08 78 08 38 38 | www.elixirresort.com | €€€*

INSIDER TIPP HEIMAT GARDENS
Bei Yamalia können Sie sich wie zuhause fühlen. Geboren wurde sie auf Ko Yao Yai, deutsch hat sie in Südtirol gelernt. Die sauberen Zimmer mit Aircon, TV, Kühlschrank, Balkon in einem Reihenhaus sind sehr guter Gegenwert fürs Geld. Zum fast menschenleeren Strand von Lo Paret laufen Sie in fünf Minuten. Die Chefin organisiert auch Touren. *5 Zi. | Südteil der Insel | Abzweigung von der Hauptstraße zum Lo Paret Beach | Tel. 08 57 94 74 28 | www.heimatgardens.com | €*

KO YAO YAI VILLAGE
Umgeben von Gummibäumen und Regenwald ducken sich die mit Palmstroh gedeckten Bungalows unter Blätterdächer. Viel Natur, aber ohne Verzicht auf Komfort. Das Gemüse wächst in der eigenen Gartenanlage. Fitnesscenter, Spa mit Sauna, großer Pool mit toller Aussicht auf die Phang Nga Bay. Bei Ebbe zieht sich hier das Meer weit zurück, der Strand ist mit Felsen durchsetzt. *49 Zi. | Nordteil der Insel | Tel. 076 58 45 00 | www.kohyaoyai village.com | €€€*

YAO YAI BEACH RESORT
Pfahlbungalows in einer Gartenanlage direkt am Meer, mit Bambusmatten verkleidet und mit Stroh gedeckt, mit Klimaanlage oder Ventilator. Alle mit TV und Kühlschrank. *19 Zi. | Lo Paret Beach | Südteil der Insel | Tel. 08 19 68 46 41 | www.yaoyairesort.com | €–€€*

AUSFLÜGE & TOUREN

Die Touren sind im Reiseatlas, in der Faltkarte und auf dem hinteren Umschlag grün markiert

① WANDERN MIT WEITBLICK

Phukets Straßen entlangzuwandern, ist nicht gerade ein Vergnügen. Der Verkehr ist meist dicht, und Gehsteige sind rar. Aber im landschaftlich schönsten Teil der Insel, tief im Süden, gibt es eine Strecke, auf der Sie ziemlich ungestört von Strand zu Strand laufen können, spektakuläre Aussicht haben und zwischendurch wunderbar entspannen können. Mit Stopps können Sie für die rund 12 km einen Tag einplanen.

Der Tag beginnt mit einem Besuch im Kloster. An der Zufahrtsstraße zum **Nai Harn Beach → S. 62** liegt kurz vor dem Strand linkerhand ein großer Parkplatz. Von dort geht es in das **Wat Nai Harn**. Eine Oase der Ruhe, die vergessen macht, dass sich nur wenige Meter entfernt Urlauber aus aller Welt an einem Traumstrand sonnen. Schlendern Sie durch das Klostergelände, und achten Sie dabei auf den mächtigen **INSIDER TIPP Banyanbaum** ein paar Schritte links vom Weg. An seinem Stamm sehen Sie ein Sammelsurium aus kleinen Schreinen, vertrocknete Blütengirlanden, Püppchen, Miniaturelefanten und anderen Opfergaben. Abgelegt wurden sie von Klosterbesuchern, die damit um die Erfüllung von Wünschen baten – oder ihre Dankbarkeit für erfüllte Wünsche zeigten. Sehenswert auch das zentrale und filigrane Tempelgebäude mit seinen in der Sonne glitzernden bunten Glasmosaiken.

Bild: Bucht von Phang Nga

Genusswandern im Süden, mit dem Mietwagen durch den Dschungel oder per Rad rund um die Insel – machen Sie sich auf den Weg

Den Weg zum Hintereingang des Klosters können Sie nicht verfehlen. Wenn Sie durch das Tor gehen liegt der **Nai Harn Lake** vor Ihnen, um den eine von Bäumen bestandene Promenade führt. Halten Sie sich rechts. Nach etwa 200 m sollten Sie sich aber nochmal umdrehen und ein Foto schießen vom Tempel, der sich im Wasser des Sees spiegelt.

Laufen Sie weiter am See entlang bis bei einem kleinen **chinesischen Schrein**, und nehmen Sie die Abzweigung nach rechts Richtung Kap Promthep. Die Straße ist nur wenig befahren, links und rechts wuchert Wald, und Sie können sich fühlen wie bei einer Dschungelwanderung. In Kurven geht es aufwärts, bis Sie hoch über dem Meer durch das Grün hindurch den Nai Harn Beach und den See dahinter aus der Vogelperspektive sehen.

Aber die beste Aussicht wartet noch auf Sie! Wenn vor Ihnen das Windrad der **Promthep Alternative Energy Station** → S. 64, auftaucht, sollten Sie auf den Weg nach rechts abbiegen, und schon nach wenigen Metern sehen Sie eine

INSIDER TIPP Aussichtsplattform hoch über dem Meer. Der Blick auf die von grünen Hügeln eingerahmte Bucht und ein unbewohntes Eiland mittendrin ist spektakulär.

Zurück auf die Straße, und schon geht es wieder bergab zur Meereshöhe. Der kleine Strand von Ya Nui → S. 65 lädt zum Baden ein, und wenn Sie Taucherbrille und Schnorchel dabeihaben, dann nutzen Sie doch die Gelegenheit und schauen nach, was es unter Wasser alles an Korallen und Fischen zu sehen gibt. Von Ya Nui zweigt eine Straße nach links ab in Richtung Rawai. Auch ist hier kaum Verkehr, aber viel Grün links und rechts. Nach etwa 1,5 km kommen Sie auf die Straße, die von Rawai hoch auf das Kap Promthep führt. Gehen Sie nach links und dann gleich wieder nach rechts über die Brücke. Auf einer Promenade können Sie den Rawai Beach → S. 64 entlang laufen. Hier liegen viele Motorboote, mit denen Tagesausflügler auf die vorgelagerten Inseln fahren. Entlang der Straße finden Sie eine ganze Reihe von Lokalen und Garküchen, die Seafood anbieten.

Von Rawai geht es wieder zurück über die Brücke, und diesmal folgen Sie der Straße, die nach rechts abzweigt. Auf dieser Straße kommen Sie Gummibaumplantagen, aber auch an vielen Resorts, Lokalen und Häusern vorbei. Nach ca. 2 km mündet diese Straße in die Straße Sai Yuan. Nach links landen Sie wieder am Nai Harn Beach. Aber wenn Sie sich nach rechts wenden, wartet noch ein besonderer Genuss auf Sie. Hier nimmt zwar der Verkehr merklich zu, aber Sie können den Gehsteig auf der linken Straßenseite benutzen. Shops und Restaurants stehen dicht an dicht. Laufen Sie immer weiter, bis Sie kurz hinter dem Italiener Da Vinci → S. 63, ein Schild sehen mit der Aufschrift **INSIDER TIPP** Herbal Steam Sauna (tgl. 10–20 Uhr / Sauna 50 Bath, Massage 300 Bath). Die Anlage ist einfach, aber zweckmäßig. Nach der Sauna können Sie sich gleich noch für eine Massage unter ein Palmlaubdach legen. Und danach schmecken der Kaffee und ein leckeres Törtchen im bezaubernden Café A Spoonful of Sugar → S. 62 auf der anderen Straßenseite besonders gut. Auf dem Rückweg können Sie dem Verkehr aus dem Weg gehen, wenn Sie die Straße nach rechts nehmen, die gegenüber der German Bakery → S. 62 abzweigt. In einer großen Schleife wandern Sie durch grüne Landschaft vorbei an Resorts und Privathäusern, bis Sie wieder den Nai Harn Lake und den Strand erreichen.

2 IN DEN SÜDEN THAILANDS

Diese Festlandroute für Entdeckungsfreudige führt durch die schönsten Landschaften Südthailands. Sie erkunden per Boot die phantastische Inselwelt der Bucht von Phang Nga, fahren mit dem Mietwagen auf gut ausgebauten Straßen durch einsame Dschungelgebiete und laufen an langen Stränden. Die Strecke ist nur wenig über 300 km lang, aber mit Übernachtungen sollten Sie drei bis vier Tage einplanen.

Über die Thepkrasattri-Brücke führt der Highway 402 aufs Festland und trifft in Khok Kloi auf den Highway 4, den Sie Richtung *Phang Nga* fahren. 30 km hinter Khok Kloi zweigt nach links ein Sträßchen zum schön gelegenen Kloster Wat Suwan Khuha und der Höhle **INSIDER TIPP** *Tham Yai* mit vielen Buddhastatuen ab. Zurück auf dem Highway, biegen Sie 3 km vor Phang Nga Town rechts ab zum Pier von Tha Dan und zum Phang Nga Bay Resort → S. 75. Von hier aus können Sie auf eigene Faust diese herrliche Bucht mit

AUSFLÜGE & TOUREN

Eine Blume mit einem Meter Durchmesser: die Rafflesia im Nationalpark Kao Phra Thaeo

Mangrovendschungel, Kalksteinbergen und Höhlen erkunden. Wenn Ihnen die Szenerie mit den Bergen im Meer filmreif vorkommt, dann liegen Sie richtig. „Der Mann mit dem goldenen Colt" wurde hier gedreht, und auf der Jagd nach ihm bretterte Roger Moore als James Bond übers Wasser und hat einer felsigen Mini-Insel sogar seinen Namen gegeben *(James Bond Island)*. Besonders zauberhaft ist die Bucht im Licht der frühen Sonne, bevor die Touristenschwärme aus Phuket anreisen, oder zu Sonnenuntergang, wenn die meisten Besucher schon wieder weg sind. Wenn Sie am Pier ein Longtailboot chartern, können Sie den Abfahrtszeitpunkt selbst bestimmen. Unterkunft finden Sie im sehenswerten Muslimpfahldorf **Ko Pannyi** in den einfachen, aber netten **INSIDER TIPP** **Sayan Bungalows** bei der Familie von Yaowapa *(Kontakt über Sayan Tour | Phang-Nga-Busbahnhof | Tel. 076 43 03 48 | www.sayantour.com)*.

Am nächsten Tag geht es weiter auf dem Highway 4. Bei **Bang Ba** zweigt die Straße 4090 nach links Richtung **Takua Pa** ab. Nach 50 km durch eine wildromantische Berg- und Dschungellandschaft kommen Sie östlich von Takua Pa auf den Highway 401 Richtung **Surat Thani**. Nach einer Viertelstunde taucht links an der Straße das Schild des ★ **Khao Sok National Park** *(www.khaosok.com)* auf. Dieser Park ist mit 646 km² das größte Dschungelgebiet in Südthailand. Tiger und wilde Elefanten sollen hier noch durch den Regenwald streifen, aber es ist höchst unwahrscheinlich, dass Ihnen diese großen Tiere begegnen werden. Es kann aber gut sein, dass Sie die lautesten Schreihälse im Urwald hören und mit etwas Glück auch zu sehen bekommen – Gibbons lassen sich manchmal sogar in der Nähe der Unterkünfte blicken. Der Khao Sok ist auch Heimat von über 300 Vogelarten, darunter Nashornvögel und Eisvögeln. Sogar die größte Blume der Welt können Sie hier finden, die Rafflesia, deren Blüte einen Durchmesser von bis zu einem Meter hat. Die Wanderwege in der Nähe des Parkhauptquartiers sind gut ausgeschildert, auf längeren Touren lotst Sie ein Guide durchs dichte Grün. Absolut lohnend ist auch ein Trip zum Stausee von **Cheow Larn**, wo Sie in Floßhäusern nächtigen können. Und keine Angst vor Malaria! Schutz vor Moskitos (Sprays, langärmliges Hemd, Socken) ist zwar besonders am Abend und nach Regenfällen empfehlenswert, aber die Gegend gilt als frei von Malaria. Übernachten können Sie z. B. im rustikalen **Rainforest Resort** *(12 Zi. | Tel. 077 39 51 35 | www.krabidir.com/khaosokrainforest | €–€€)*. Sehr schön liegen auch die Bungalows und Baumhäuser von **Our Jungle House** *(13 Zi. | Tel. 08 14 17 05 46 (Klaus) | www.krabidir.com/ourjunglehouse | €–€€)*. Die Resorts bieten Kanutouren und Dschungeltrekking an. Ein besonderer Spaß ist **INSIDER TIPP** Tubing – im Lastwagenschlauch gemächlich den **Sok River** hinabgondeln. Auf dem Rückweg nach Phuket (Fahrzeit ca. zwei Stunden) fahren Sie südlich des Provinzstädtchens **Takua Pa** auf dem Highway 4 an den endlosen Stränden von **Khao Lak** vorbei. Dieses Gebiet wurde vom Tsunami von allen Regionen Südthailands am schlimmsten verwüstet. Davon sehen Sie heute nichts mehr. Viele neue Resorts und Hotels warten auf Gäste. *www.khaolak.de | www.mykhaolak.de*

Schlafen am Fluss und zugleich hoch in den Bäumen im Rainforest Resort

Eine schöne Sicht aufs Meer, Sandstrände und Dschungelberge haben Sie vom ☀ **Khao Lak View Restaurant** *(€)*, direkt am Highway, der sich am Südende des Strands einen Berg hinaufwindet. Von hier sind es 75 km Richtung Süden zurück nach Phuket.

MIT DEM RAD UM DIE INSEL

Die dünn besiedelte Insel Ko Yao Noi mit ihrer gut ausgebauten und kaum befahrenen Ringstraße (ca. 25 km) und ihren Pisten ist ein Paradies für Zweiradfreaks.

AUSFLÜGE & TOUREN

Mountainbikes können Sie in vielen Resorts ausleihen, z. B. im **Suntisook** → S. 82 in der Takhao Bay. Am Pier von Takhao können Sie in einem Lokal direkt am Wasser bei einem Kaffee die Morgenstille genießen, bevor Sie in die Pedale treten. Durch das kleine Dorf hindurch geht's dann in Richtung Landesinneres und vor allem erst einmal aufwärts. Die Insel ist bergig, das wird hier deutlich. Aber wenn es ein paar hundert Meter lang nur sehr langsam vorangeht, dann genießen Sie einfach umso mehr den Ausblick auf grüne Täler und Höhen, auf Dschungel und Gummibaumplantagen.

Vom Scheitelpunkt der Straße geht es in einer langen Geraden wieder abwärts bis zum Inselhauptort, dem Talad (Markt). Stellen Sie das Rad ab, und schlendern Sie die Hauptstraße mit ihren Tante-Emma-Läden entlang. Vom Restaurant **Je t'aime** → S. 80 an der Kreuzung in der Ortsmitte können Sie dem geruhsamen Treiben bei einem kühlen Drink und einem Stück Kuchen zuschauen. Weiter geht's vorbei an der Post, Polizeistation und Schule gen Südosten. Schon kurz hinter dem Hauptort sind Sie wieder im grünen Bereich, nur ab und zu kommen Sie an ein paar Häuser und Läden vorbei. Stellenweise radeln Sie in Meeresnähe auch durch Mangrovenwald. Wundern Sie sich nicht, wenn plötzlich vor Ihnen ein Waran oder eine Schlange die Straße überquert.

Tief im Süden der Insel zweigt von der Ringstraße eine Stichstraße zum Dörfchen Lamsai ab. Vorbei am Lamsai Village Hotel radeln Sie einfach am Meer entlang, bis die Betonstraße in eine Piste übergeht und kurz danach zu Ende ist. Im Wasser steht dort das rustikale Lokal **INSIDER TIPP Lobster Sea Food** (€), in dem Sie auf Holzplanken einen Fisch verzehren können. Zurück auf die Ringstraße, fahren Sie weiter nach rechts und biegen schon kurz danach wieder rechts ab auf eine Piste. Sie führt zum Lom Lae Beach Resort *(www.lomlae.com)* an einem sehr schönen Strand, an dem Sie auch bei Ebbe schwimmen können.

Auf der Ringstraße weiter zum Pasai Beach. An diesem Strand finden Sie einige Resorts, Shops, Lokale und Garküchen, die Ihnen Snacks und Gerichte direkt am Strand servieren. Aber selbst in der Hochsaison kann es gut sein, dass außer Ihnen nicht mal ein Dutzend anderer Gäste hier einkehrt. Falls die Beine etwas müde sind, können Sie sich hier direkt am Strand massieren lassen. Und wenn Sie die Arme in Schwung bringen wollen, dann können Sie ein Kajak ausleihen und den Strand rauf und runter paddeln.

Mit dem Rad geht's dann weiter die Ostküste entlang, jetzt haben Sie fast immer das Meer im Blick. Als nächster Stopp empfiehlt sich das nette Restaurant im Resort **Sabai Corner** → S. 81, auf dessen Speisekarte so exotische Gerichte wie Kartoffelsalat mit Thunfisch stehen. Auf dem Weg zurück in die Takhao Bay müssen Sie nur noch eine Steigung bewältigen. Sie beginnt dort, wo ein Sträßchen abzweigt zum Luxusresort **Six Senses** → S. 81, das auf Tagesbesucher übrigens nicht erpicht ist. Durch den Wald geht's aber nur ca. 100 m aufwärts, und dann können Sie die Räder einfach laufen lassen bis runter zum **La Luna** → S. 80 von Roberto, in dem zur Belohnung ein Cappucino oder Espresso auf Sie wartet.

Noch ein Stück weiter durch eine Gummibaumplantage, und schon schimmert wieder das Meer vor Ihnen. Wie wär es zum Abschluss mit einer Strandwanderung und Muschelsuche? Und falls gerade Ebbe ist, können Sie ein vorgelagertes Felseninselchen sogar zu Fuß erreichen.

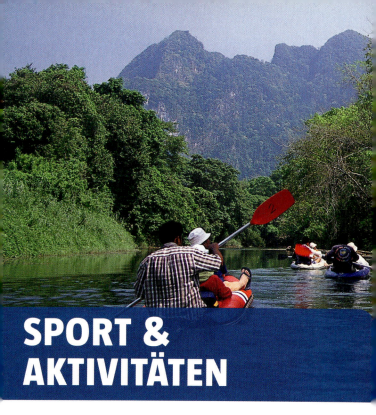

SPORT & AKTIVITÄTEN

Wenn Sie Ihren Urlaub sportlich angehen wollen, sind Sie auf Phuket genau richtig. Sie können Walhaien in die Augen schauen, auf Elefantenrücken durch den Urwald schaukeln, Wasserski fahren und im Kanu durch eine faszinierende Inselwelt paddeln.

Die meisten der nachfolgend genannten Veranstalter bieten zahlreiche unterschiedliche Touren an. Buchung über die Websites oder über Reisebüros vor Ort.

DSCHUNGELTOUREN

Auf Phuket ist nur noch ein Rest vom Urwald zu sehen: das *Schutzgebiet Kao Phra Kaeo* im Nordosten. Aber nur zwei Autostunden nordöstlich von Phuket, im *Khao Sok National Park (www.khaosok.com)*, streifen noch Tiger und wilde Elefanten durch ein riesiges Dschungelgebiet. Eine Tour durch den Dschungel zu Fuß, auf dem Elefantenrücken oder mit dem Kajak ist ein unvergessliches Erlebnis. Veranstalter: *Phuket Tours (www.phuket-travel.com)* | *Phuket Safari (www.phuket-safari-travel.com, auf deutsch)* | *Siam Safari (www.siamsafari.com)*. Eine Tour in diesen Nationalpark können Sie aber auch problemlos selbst organisieren. Anfahrt mit dem Mietwagen oder mit öffentlichen Bussen ab Phuket Town.

GOLF

Mit sieben Plätzen hat sich Phuket zu Thailands Topdestination für den internationalen Golftourismus entwickelt.

Bild: Kanutour im Khao Sok National Park

Rein in den Dschungel, runter unter das Wasser oder ran an den Topf – Phuket ist ein Paradies für Aktivurlauber

Die Greenfee beträgt ab ca. 70 Euro. Am günstigsten können Sie auf dem INSIDER TIPP Neunlochplatz *Phunaka Golf Course* (www.phunakagolf.com) nahe Chalong einlochen *(ab ca. 25 Euro)* – und das sogar bei Nacht, wenn der Kurs von Flutlicht bestrahlt wird. Die Caddies sind auf Phuket (wie in ganz Thailand) weiblich. Arrangements zu ermäßigten Greenfees bieten an: *Golf Orient* (www.golforient.com) | *Phuket Golf* (www.phuket-golf.com) | *Phuket Golf Master* (www.phuketgolf.net).

KANUTOUREN

Die Bucht von Phang Nga östlich von Phuket ist ein traumhaftes Revier für Kanufreunde. Einen Höhepunkt bilden dort die Höhlen *(hong)*, in die man nur bei Ebbe hineinpaddeln kann. Faszinierend sind auch Kanutouren auf den Gezeitenflüssen und in den Mangrovenwäldern der Provinz Krabi östlich von Phuket und auf dem Stausee im Khao Sok National Park. *Paddle Asia* (www.paddleasia.com) | *Sea Canoe Thailand* (www.seacanoe.net) | Sea Cave Canoe (www.seacavecanoe.com).

KLETTERN

Die Kalksteinklippen der Inseln in der Bucht von *Phang Nga* und auf *Ko Phi Phi* sind Traumziele für Kletterer. Ein Tageskurs kostet ca. 50 Euro. Auf *Ko Yao Noi* bietet *Ko Yao Rock Climbing* (www.themountainshop.org) Kurse an, auf *Phi Phi Spidermonkey Climbing* (www.spidermonkeyclimbing.com).

KOCHKURSE

Wie wird das Curry schön cremig? Was macht die Garnelensuppe so würzigscharf? Viele Resortköche zeigen es ihren Gästen. Auch Restaurants und eigenständige Kochschulen bieten Kurse an, die einen oder mehrere Tage dauern können *(www.phuket.com/dining/index_cooking.htm)*.

MOUNTAINBIKING

Auf zwei Rädern über Stock und Stein zu fahren, ist ein noch junger Sport auf Phuket. Bei Halbtagestouren können Sie auf Pisten und verkehrsärmeren Straßen den Süden und Nordosten von Phuket erkunden. Für Tagestouren setzen Radler mit dem Boot nach *Ko Yao Noi* über. Besonders auf Ko Yao Noi verleihen immer mehr Resorts Mountainbikes an ihre Gäste. Viele Zweitagestouren führen in die östlichen Nachbarprovinzen *Phang Nga* und *Krabi*. Touren können Sie in Reiseagenturen buchen oder direkt bei den Veranstaltern: *Action Holidays Phuket* (www.biketoursthailand.com) | *Siam Bike Tours* (www.siambiketours.com). Auch *Sea Canoe Thailand* (www.seacanoe.net) hat Mountainbiketouren im Angebot.

SCHWIMMEN & SCHNORCHELN

Auf Phuket wie an allen Stränden in Südthailand gilt: In der Regenzeit zwischen Mai und September kann Schwimmen lebensgefährlich sein. Wann an den Stränden die roten Warnflaggen wehen, sollten Sie diese auch ernst nehmen. Jedes Jahr ertrinken Urlauber, die von tückischen Strömungen hinausgezogen werden. Falls Sie von einer Strömung erfasst werden, sollten Sie keinesfalls panikartig dagegen anschwimmen (das erschöpft völlig in ein, zwei Minuten), sondern versuchen, seitlich herauszukommen. Schnorchler finden auf Phuket am *Kata Beach* und in der Bucht von *Ao Sane* noch Korallen in Ufernähe. Bessere Schnorchelgründe finden Sie z. B. vor *Ko He* (Coral Island) und *Ko Raya*, exzellente Schnorchelgründe rings um *Ko Phi Phi* natürlich um die Top-Tauchdestination *Similan*.

SEGELN

Die Inselwelt der ● Andamansee ist ein Paradies für Segelsportler, und Phuket mit seinen großen Marinas ist Asiens Sailing-Zentrum. Mehrere Charterveranstalter und Yachtverleiher bieten ihre Dienste an. Tagescharter ohne Skipper ab etwa 350 Euro. Einige Segler nehmen gegen Bezahlung auch Passagiere mit auf große Fahrt bis nach Europa oder auf einen Törn durch die Inselwelt zwischen Phuket und Langkawi in Malaysia. Ihre Offerten pinnen sie an Restaurantwände. **INSIDER TIPP** Die besten Chancen zur Kontaktaufnahme haben Sie in der Bucht von Chalong und am Nai Harn Beach/Ao Sane. Dort gehen die meisten privaten Segelyachten, die Phuket anlaufen, vor Anker. In den Marinas

SPORT & AKTIVITÄTEN

an Phukets Ostküste sind viele renommierte Charterunternehmen vertreten, z. B *Asia Marine Leisure (Boat Lagoon | www.asia-marine.net)*, *Sunsail (Marina Ao Po | www.sunsail.de/yachtcharter/suedostasien/thailand/phuket)*, *Phuket Yachtcharter (Yacht Haven Marina | www.phuket-yachts.com)*.

TAUCHEN

Die Andamansee rund um Phuket ist eines der besten Tauchreviere weltweit. Bei Sichtweiten bis zu 30 m können Sie riesige (und harmlose) Walhaie beobachten oder konfettibunte Korallenfische bewundern. Ein Highlight sind die Tauchgründe bei den unbewohnten *Similan*-Inseln nördlich von Phuket. Noch nicht so bekannt, aber ebenfalls ein exzellentes Revier sind die Gewässer bei den INSIDER TIPP *Ko Surin* nördlich von Similan. Vor allem beim Unterwasserfelsen *Richelieu Rock* ist die Chance groß, dass Sie Walhaie und Rochen zu Gesicht bekommen.

Schon in burmesischem Gewässer liegen die mit Korallen besetzten INSIDER TIPP Unterwasserfelsen *der Burma Banks* 165 km nordwestlich der Similan-Inseln. Hier entdecken versierte Taucher noch wirklich Neuland unter Wasser sowie viele Riff- und Hochseehaie. Aber auch nur eine Bootsstunde von Phuket entfernt, rund um die Phi-Phi-Inseln und noch weiter südlich in der Inselwelt bis hinunter zur malaysischen Grenze, erwartet Sie eine artenreiche Fauna und Flora unter Wasser.

Beste Tauchzeit bei ruhiger See ist von Januar bis April. Eine eintägige Ausfahrt mit zwei Tauchgängen kostet etwa 70 Euro, eine viertägige Tauchreise nach Similan/Surin ca. 600 Euro. Für eine Tauchausbildung (drei bis vier Tage) müssen Sie mit rund 300 Euro rechnen.

Tauchschulen finden Sie auf Phuket, Phi Phi und den beiden Yao-Inseln *(www.tauchbasen.net)*. Besonders auf Ko Phi Phi drängelt sich ein Dive Shop an den anderen. Die Konkurrenz ist groß und das drückt auf die Preise. Links zu Tauchveranstaltern auch auf der Webseite der staatlichen Tourismusbehörde: *www.thailandtourismus.de*.

Unterwasserwelt in der Andamansee: eines der besten Tauchreviere weltweit

MIT KINDERN UNTERWEGS

Die Chance, dass Ihre Kinder einen Spielkameraden finden, ist in Thailand nirgendwo größer als auf Phuket. Denn hier verbringen besonders viele Familien ihren Urlaub.

Die Strände Phukets sind für Kinder ein riesiger Sandkasten. Aber nicht alle sind gleichermaßen geeignet. Der belebte Patong Beach ist im Mittelteil einfach zu vollgestellt mit Liegestühlen und Schirmen. Ziehen Sie sich an den weniger überlaufenen nördlichen und südlichen Abschnitt zurück. Wesentlich ruhiger geht es an den Stränden von Bang Tao, Mai Khao, Nai Harn, Kata, Kata Noi und Karon zu. Zum Baden nicht für Kinder geeignet ist die Bucht von Ao Sane. Korallen und scharfkantige Felsen stellen ein Verletzungsrisiko dar.

Wenn es am Strand einmal langweilig werden sollte, können Sie mit Ihren Kinder z.B. einen Elefantenritt unternehmen oder einer Runde Minigolf bei Dinosauriern spielen. Thailand ist übrigens weltweit einer der größten Produzenten von Kinderkleidung, die hier im Vergleich zu Europa spottbillig ist.

DIE WESTKÜSTE

ADVENTURE MINIGOLF
(118 B3) (*C7*)
Phukets neueste Minigolfanlage mit 18 Löchern liegt am *Bang Tao Beach* an der Hauptstraße im Norden des Touristendorfes. *Tgl. 11–23 Uhr | Eintritt 280 Baht, Kinder 200 Baht | Tel. 08 72 68 19 25 | www.phuketadventureminigolf.com*

Bild: Kata Noi Beach

Dinos und Elefanten, Kanutouren und ein Kletterpark – Phuket ist ein Urlaubsparadies für die ganze Familie

DINO PARK, KARON BEACH ★
(120 A4) (*C11*)

Mächtige Saurier reißen ihr zähnestarrendes Maul auf, und wenn's dunkel wird, speit sogar ein Vulkan Feuer. Natürlich alles künstlich. Das urzeitliche Phantasieland ist eine Minigolfanlage – nicht nur für Kinder ein Riesenspaß! *Tgl. 10–24 Uhr | Eintritt 240 Baht, Kinder 180 Baht | Karon Rd. | auf dem Hügel zwischen dem Kata und Karon Beach beim Resort Marina Cottage | Tel. 076 33 06 25 | www.dinopark.com*

ELEFANTENTREKKING
(120 A2–4) (*C10–12*)

Elefanten waren schon lange ausgestorben auf Phuket. Der Tourismus hat sie zurückgebracht. Rund 30 Elefantencamps finden Sie auf der Insel. Besonders konzentriert im südlichen Teil, z. B. entlang der Verbindungsstraßen zwischen Patong Beach und Karon Beach sowie zwischen Kata Beach und der Bucht von Chalong.

Kinder lieben die grauen Riesen und dürften an einem Elefantenritt durchs

Gelände ihre Freude haben. Zwar ist der Boom im Elefantentrekking auf Phuket nicht unproblematisch, da einige Halter eher am schnellen Baht als am Wohlbefinden ihrer Tiere interessiert sind. Manche lassen die Elefanten zu lange in der prallen Sonne stehen, füttern und tränken sie nicht genug oder gönnen ihnen zu wenige Ruhepausen. Trotzdem sieht die Elefantenhilfsorganisation *Elephant Help Foundation* den Tourismus insgesamt positiv, gibt er doch den *Mahouts,* den Besitzern und Reitern, die Möglichkeit, Geld zu verdienen, das letztendlich auch den Elefanten selbst zugute kommt.

INSIDER TIPP QUEST LAGUNA ADVENTURE (118 B2) (*D* C7)

Ein Dschungelgelände als Abenteuerspielplatz wartet am Bang Tao Beach auf Schwindelfreie. Hier machen sich oft Manager fit, aber in der *Family Fun Zone* können auch Kids ab 6 Jahren Klettern lernen oder (angeseilt) in den Baumkronen herumturnen. Einen Nachmittag lang können die Kleinen schon für 200 Baht herumtollen. *Laguna Beach Resort | Bang Tao Beach | Tel. 076 31 42 53 | www.lagunaphuket.com/quest*

SPLASH JUNGLE, MAI KHAO BEACH (116 B2) (*D* C2)

Vom Dschungel ist zwar nichts zu sehen, aber Spritzer gibt es genug in diesem Wasserpark. Hauptattraktionen sind die lange Rutsche, der Pool mit Wellenmaschine und das Wasserkarussell *(Super Bowl).* Im 335 m langen „Lazy River" können Sie und die Kleinen in Schwimmreifen gemächlich dahingondeln *Tgl. 10–18 Uhr | Eintritt 1295 Baht, Kinder 650 Baht, unter 5 Jahren frei | Resort West Sands | Mai Khao Beach | Tel. 076 37 21 11 | www.splashjunglewaterpark.com*

SÜD- UND OSTKÜSTE

INSIDER TIPP PHUKET RIDING CLUB, CHALONG (120 C4) (*D* D12)

Auch Kinder dürfen sich hier auf den Sattel schwingen und durch Gummibaumplantagen oder runter zum Mittrapab Beach traben. Ein Begleiter reitet mit. *Tgl. 7–18.30 Uhr | pro Stunde 1000 Baht | Viset Rd. | Straße nach Rawai, ca. 1,5 km südlich vom Kreisel | Chalong | Tel. 076 28 82 13 | www.phuketridingclub.com*

SIAM SAFARI, CHALONG (120 C4) (*D* D12)

Der mehrfach ausgezeichnete Veranstalter hat einiges im Programm, was auch Kindern Spaß macht, wie z. B. Landroverfahren, Kanutouren oder Elefantenreiten. Wie geschickt Affen Kokosnüsse pflücken, können Sie gleich beim Hauptquartier von Siam Safari sehen. *Hauptquartier tgl. 9–17 Uhr | 45 Chao Fa Rd. | Umgehungsstraße zum Flughafen nördl. vom Kreisverkehr | Chalong | Tel. 076 28 01 16 | www.siamsafari.com*

SOI DOG FOUNDATION (116 B3) (*D* D3)

Das Tierheim dieser Organisation lebt ausschließlich von Spenden, kümmert sich um Phukets Straßenhunde und heißt Besucher willkommen. Es liegt nördlich vom Flughafen am Mai Khao Beach. Der exakte Anfahrtsweg ist auf der Website beschrieben. *Mo–Fr 8–17 Uhr | www.soidog.org*

PHUKET TOWN & UMGEBUNG

BUTTERFLY GARDEN & INSECTARIUM (121 D2) (*D* E10)

In einem tropischen Garten flattern über 40 Arten von Schmetterlingen. Nicht

MIT KINDERN UNTERWEGS

weniger interessant sind die anderen Insekten, darunter welche, die aussehen wie Blätter oder wie Holzstöckchen. In einer begehbaren Voliere zwitschern bunte Tropenvögel. Im *Silk Museum* erfahren Sie alles über die Seidenraupen und die Herstellung des glänzenden Stoffs. *Tgl. 9–17 Uhr | Eintritt 300 Baht, Kinder 150 Baht am nördlichen Stadtrand; Anfahrt vom Zentrum über die Yaowaraj Rd. oder vom Patong Beach kommend über die Straße zum Airport (ausgeschildert) | Tel. 076 21 08 61 | www.phuketbutterfly.com*

SIAM NIRAMIT ⭐ (119 D5) (*E9*)
Das 2011 auf Phuket eröffnete Niramit bietet in einem Theater für 1750 Gäste eine gigantische Kultur- und Folkloreshow *(Mi–Mo ab 20.30 Uhr)*, die große wie kleine Besucher fasziniert. Auf dem Gelände wurde auch ein Dorf inklusive eines schwimmende Markts nachgebaut. Hier bekommen Sie einen Einblick in die ländliche Lebensweise der vier thailändischen Regionen. Gezeigt wird z. B., wie Seide gewonnen oder Kinderspielzeug aus Gras hergestellt wird. Und auf dem Rücken der Elefanten, die später in der Show auftreten, können Sie mit Ihren Kindern auch eine kurze Runde drehen. Das Thai Village können Sie ab 17.30 Uhr besuchen. *Eintritt für Show und Dorf ab 1500 Baht, inklusive Buffetdinner ab 1850 Baht, Kinder 1650 Baht | Abholservice mit Minibus vom Hotel 300 Baht pro Person (hin und zurück) | liegt nordwestlich von Phuket Town an der Umgehungsstraße (Bypass Rd.) zum Airport, 3 km nördlich des großen Tesco Lotus Supermarkts | Tel. 076 33 50 00 | www.siamniramit.com*

Spielen, toben, plantschen, schwimmen: das geht an vielen Stränden auf Pkuket

EVENTS, FESTE & MEHR

Eine Reihe von religiösen Festen und Tourismusevents werden jedes Jahr neu terminiert. Die aktuellen Termine erfahren Sie im Tourismusbüro und auf den angegebenen Webseiten. Über alle Events und Festivitäten informiert auch die örtliche „Phuket Gazette". Alle Termine sind in der Online-Ausgabe www.phuketgazette.net unter der Rubrik „Events Calendar" aufgelistet.

FEIERTAGE

1. Jan. *Neujahrstag;* **Vollmond im Februar** *Makha Pucha* Gedenken an Buddhas Predigt vor 1250 Gläubigen; **6. April** *Chakri-Tag* Gründung der Chakri-Dynastie im Jahr 1782; **13.–15. April** *Songkran* thailändisches Neujahrsfest; **1. Mai** *Tag der Arbeit*; **5. Mai** *Krönungstag* von König Bhumibol Adulyadej (Rama IX.); **Vollmond im Mai** *Visakha Pucha* Gedenken an Buddhas Geburt, Erleuchtung und Tod; **Vollmond im Juli** *Asaha Pucha* Gedenken an Buddhas erste Predigt. Einen Tag später *Khaopansa* Beginn der buddhistischen Fastenzeit; **12. Aug.** *Geburtstag von Königin Sirikit,* Frau Ramas IX.; **23. Okt.** *Chulalongkorn-Tag* Todestag von König Chulalongkorn; **5. Dez.** *Geburtstag von König Bhumibol;* **10. Dez.** *Tag der Verfassung;* 31. Dez. *Silvester*

FESTE & VERANSTALTUNGEN

JANUAR/FEBRUAR

▶ **Phuket Old Town Festival:** Jahrmarkt in der Altstadt. Mit Musik und Shows geht's zurück in die stark von Chinesen geprägte Historie der Inselmetropole

▶ **INSIDER TIPP** **Chinesisches Neujahrsfest:** Einwöchiges Tempelfest im Wat Chalong an der Umgehungsstraße 4022 zwischen Phuket Town und Rawai Beach. Jahrmarkt, Misswahl, Feuerwerk

FEBRUAR/MÄRZ

▶ **Gay Pride Festival:** Schwulenparade am Patong Beach. Genauer Termin unter *www.phuket-pride.org*

APRIL

▶ **Songkran:** Kein Fest wird so ausgelassen gefeiert wie das thailändische Neujahrsfest. Es werden regelrechte Wasserschlachten veranstaltet. Am Strand von Nai Yang werden Meeresschildkröten aus der Aufzuchtstation am Laem Phan Wa freigelassen.

▶ **Phuket Bike Week:** Motorradfahrer touren über die Insel. Party und Events am Patong Beach. Termin unter *www.phuketbikeweek.com*

Glühende Kohlen, Romantik bei Vollmond und Wasserschlachten – Feste auf Phuket vereinen Religiösität und Freude am Leben

MAI/JUNI UND OKTOBER/NOVEMBER

▶ INSIDER TIPP *Loi Rüa:* Fest der *Chao Leh* (Seezigeuner) am Rawai Beach zu Beginn und Ende der Monsunzeit. Auf Bambusflößen soll alles Unglück – in Form von nachgebauten Waffen und abgeschnittenen Haaren – aufs Meer hinaustreiben.

AUGUST/SEPTEMBER

▶ *Phuket Marathon:* Auch Halbmarathon, Walking (5 km) und Kinderlauf (2 km). www.phuketmarathon.com

SEPTEMBER/OKTOBER

▶ *Vegetarier-Festival:* Zu Ehren von neun Gottkönigen, die der Legende nach in China 45 600 Jahre lang regierten. Thai-Chinesen leben neun Tage lang vegetarisch, versetzen sich in Trance und kasteien sich in Prozessionen durch Phuket Town: Sie laufen über glühende Kohlen und treiben sich Haken und Spieße durch Wangen und Zungen. Als Besucher sollten Sie weiß gekleidet sein. www.phuketvegetarian.com

NOVEMBER

▶ *Loi Kratong:* Das romantischste Fest in Thailand. Kleine Boote werden in der Vollmondnacht mit einer Kerze, Räucherstäbchen, Münzen und Blüten zu Wasser gelassen – auf Flüssen, Seen und Kanälen, auf Phuket auch auf Swimmingpools. So wird die Wassergöttin *Mae Khongka* um Verzeihung dafür gebeten, dass die Gewässer verschmutzen.

DEZEMBER

▶ *King's Cup Regatta:* Yachten aus der ganzen Welt segeln in den ersten Dezembertagen vor der Südspitze Phukets um die Wette. www.kingscup.com

▶ *Patong Carnival:* Shows, Livekonzerten, Feuerwerk und Parade – mehrere Tage lang wird der Beginn der touristischen Hochsaison gefeiert

ICH WAR SCHON DA!

Drei User aus der MARCO POLO Community verraten ihre Lieblingsplätze und ihre schönsten Erlebnisse.

LOTUS RESTAURANT

Tolles Lokal direkt am Bang Tao Beach mit einem perfekten Meeresblick und unbeschreiblichen Sonnenuntergängen. Im Hintergrund spielt entspannende Musik, am Abend musiziert sogar eine Lifeband. Vor allem Fisch und Meeresfrüchte auf der Karte. Besonders gut war der gegrillte Hummer. Aber auch westliche Speisen sind zu bekommen, und die Drinks schmecken grandios *(31/13 Moo. 4 Srisuntorn Rd. | Cherngtalay | Thalang | lotusphuket.com)*. **Christina aus Mainz**

RISING SUN RESIDENCE

Diese Villenanlage hat alles, was das Herz begehrt: sehr exklusiv mit einem unbeschreiblichen Service. Im Preis sind ein Thai-Dinner und eine Massage enthalten. Besonders haben wir das Baden im großen Swimmingpool genossen. Als Extra wird dem Gast hier auch ein Chauffeur zur Verfügung gestellt *(48/13 Moo 6, Soi Sai-Namyen | ChaoFa West Rd. | Chalong)*. **Alex aus Köln**

LITTLE YOGA ROOM

Mein Besuch der Yogaschule nördlich von Chalong war eine ganz besondere Erfahrung. In kleinen Gruppen und hübschem Ambiente wurden wir in diesen Sport eingeführt und lernten einige Grundpositionen. Die Lehrerin war äußerst kompetent und sehr nett *(Soi Palai | Chalong | thelittleyogaroomphuket.com)*. **Rita aus Göttingen**

XTREM ADVENTURES

Der Park mit weitläufigem Klettergarten bot uns den perfekten Tagesausflug für die ganze Familie. Über viele Konstruktionen sind wir im Wald herumgeklettert, ohne uns über unsere Sicherheit zu sorgen. Die Ausrüstung war von hoher Qualität und das Personal gut ausgebildet *(54/17 Moo6, Chaofa Rd. | Chalong | xtremaventuresphuket.com)*! **Christian aus Geldern**

Haben auch Sie etwas Besonderers erlebt oder einen Lieblingsplatz gefunden, den nicht jeder kennt? Gehen Sie einfach auf www.marcopolo.de/mein-tipp

Für den Inhalt der Community-Seite übernimmt die MARCO POLO Redaktion keine Verantwortung.

EIGENE NOTIZEN

LINKS, BLOGS, APPS & MORE

LINKS

▶ www.marcopolo.de/phuket Alles auf einen Blick zu Ihrem Reiseziel: Interaktive Karten inklusive Planungsfunktion, Impressionen aus der Community, aktuelle News und Angebote ...

▶ www.phuketemagazine.com Ob Strände oder Restaurants, ob Lifestyle oder Shopping – das englischsprachige Online-Magazin der Tourismusbehörde auf Phuket stellt die Insel auch mit vielen schönen Fotos vor

▶ www.phuketbestevent.com Sie wollen wissen, wo wann was los ist? Dann gucken Sie auf dieser ebenfalls englischsprachigen Seite nach. Dazu viele Infos über Essen und Trinken, Kunst und Kultur sowie andere Themen, die Touristen interessieren

▶ www.phuket-sun.de „Das Leben ist hier und jetzt" – Buddhas Erkenntnisse und ausführliche Beschreibungen von Tempeln finden Sie auf dieser Seite. Auch Hilfsprojekte auf Phuket werden vorgestellt

▶ www.travelfish.org Spezialisiert auf Budget-Unterkünfte. Spart nicht mit Lob und Kritik. Die coolste Seite im Netz für Urlauber, die ein günstiges Resort suchen

BLOGS

▶ www.jamie-monk.blogspot.com Jamie erkundet die Insel auch abseits ausgetretener Pfade. Und stellt auf seinem englischsprachigen Blog so ziemlich alles vor, was es zu sehen und zu erleben gibt

▶ www.phuket101.net Wo bekomme ich gegrillte Insekten? Wo stehen die schönsten historischen Villen? Wo steigen die schrillsten Partys? Auf solche Fragen gibt es – auf Englisch – die Antworten und coole Fotos

▶ www.timinphuket.blogspot.de Tim nimmt Sie auf seinem englischsprachigen Blog mit auf Märkte und an den Beach, in Restaurants, Tempel und wo er sonst noch unterwegs ist auf Phuket

Egal, ob Sie sich auf Ihre Reise vorbereiten oder vor Ort sind: Mit diesen Adressen finden Sie noch mehr Informationen, Videos und Netzwerke, die Ihren Urlaub bereichern. Da manche Adressen extrem lang sind, führt Sie der kürzere short.travel-Code direkt auf die beschriebenen Websites

VIDEOS & STREAMS

▶ short.travel/phu1 Thaiboxen, Tempel, Strände und mehr … jede Menge Clips auf dieser deutschsprachigen Webseite

▶ short.travel/phu2 Bewegte Bilder aus Phuket – nicht nur Videos, sondern auch Webcams von verschiedenen Stränden laden zum Träumen ein. Einen kritischen WDR-Film in fünf Teilen sehen Sie, wenn Sie „bedrohte Paradiese" in das Suchfeld eingeben

▶ www.phuketbesttv.com Ob Modeschau oder Party oder Rockkonezrt – wann immer etwas los ist auf der Insel, ist Phuket Best TV mit der Kamera dabei

▶ www.phuketgazette.net/tv Phukets führende englischsprachige Zeitung bringt Nachrichten auch in bewegten Bildern

APPS

▶ Phuket Map and Walking Tours Diese App für das iPhone lotst Sie nicht nur in Phuket Town zu Sehenswürdigkeiten, sondern auch durch das Nightlife am Patong Beach

▶ Phuketcity Auf Hotelbuchungen spezialisierte App für iPhone und Android

▶ Phuket Island – GPS Map Navigator Wo auch immer Sie sind auf Phuket – der Navigator auf Ihrem iPhone findet Sie und sagt, wo es langgeht

▶ Amazing Thailand Phuket Auch wenn Sie offline sind, bringt die staatliche Tourismusbehörde viele Infos aufs iPhone

NETWORK

▶ www.joinmytrip.de „Allein verreisen war gestern" – hier können Sie Reisepartner finden, Reiseberichte online stellen und sich mit anderen Reisenden im Forum austauschen

▶ www.hospitalityclub.org Dieser weltweite Club der Gastfreundschaft hat auch auf Phuket Mitglieder, die Besuchern eine kostenlose Unterkunft anbieten

▶ www.globalzoo.de Diese Reisecommunity ist eine weitere Plattform, um Reisegefährten zu finden und sich mit anderen auszutauschen

PRAKTISCHE HINWEISE

ANREISE

Die Chartergesellschaft Condor *(www.condor.com)* fliegt von Frankfurt nach Phuket. Air Berlin *(www.airberlin.com)* bietet Phuket-Flüge ab Berlin und München an. Thai Airways *(www.thaiair.com)* fliegt ab Frankfurt, München, Zürich mit Zwischenlandung in Bangkok nach Phuket. Lufthansa *(www.lufthansa.com)* sowie viele andere Airlines fliegen Bangkoks internationalen Flughafen Suvarnabhumi an. Günstige Flüge finden Sie im Internet z. B. unter *www.fliegen.de, www.billigflug.de* oder *www.opodo.de.* Von Bangkoks neuem internationalen Flughafen Suvarnabhumi fliegt außer Thai Airways auch Bangkok Airways *(www.bangkokair.com)* mehrmals täglich nach Phuket. Die Preise schwanken je nach Tageszeit und Saisons stark und liegen zwischen 50 und 80 Euro für die einfache Strecke. Der Billigflieger Air Asia *(www.airasia.com)* startet seit Oktober 2012 nur noch vom alten Flughafen Don Muang nach Phuket. Auch die Budgetairline Nok Air *(www.nokair.com)* operiert ausschließlich von Dong Muang aus. Flug nach Phuket ab ca. 35 Euro.

Vom Flughafen in Phuket fährt der Airportbus für 90 Baht zum Busterminal von Phuket Town. Der Limousinenservice steuert zu Festpreisen alle Stränd an, kostet aber gut doppelt so viel wie ein öffentliches Meter-Taxi. Zum Taxistand verlassen Sie die Ankunftshalle und gehen nach rechts. Vergewissern Sie sich vor der Fahrt, ob der Fahrer bereit ist, die Uhr einzuschalten – was vor allem zu Stoßzeiten oft nicht der Fall ist.

GRÜN & FAIR REISEN

Auf Reisen können auch Sie mit einfachen Mitteln viel bewirken. Behalten Sie nicht nur die CO_2-Bilanz für Hin- und Rückflug im Hinterkopf *(www.atmosfair.de)*, sondern achten und schützen Sie auch nachhaltig Natur und Kultur im Reiseland *(www.gate-tourismus.de; www.zukunftreisen.de; www.ecotrans.de)*. Gerade als Tourist ist es wichtig, auf Aspekte zu achten wie Naturschutz *(www.nabu.de; www.wwf.de)*, regionale Produkte, Fahrradfahren (statt Autofahren), Wassersparen und vieles mehr. Wenn Sie mehr über ökologischen Tourismus erfahren wollen: europaweit *www.oete.de*; weltweit *www.germanwatch.org*

AUSKUNFT

THAILÄNDISCHES FREMDENVERKEHRSAMT

Bethmannstr. 58 | 60311 Frankfurt | Tel. 069 138 13 90 | www.thailandtourismus.de
Die Repräsentanz in Wien *(Heumühlgasse 3 | Tel. 01 5 85 24 20 | www.tourismusthailand.at)* kann nach telefonischer Ankündigung besucht werden. Die Repräsentanz in Bern *(Tel. 031 3 00 30 88 | www.tourismthailand.ch)* ist nicht auf Publikumsverkehr eingestellt. Über beide Websites können aber Broschüren bestellt werden.

TOURISM AUTHORITY OF THAILAND (TAT)

Infoschalter am Flughafen. *191 Thalang Rd. | Tel. 076 21 10 36, Tel. 076 21 22 13 |*

Von Anreise bis Zoll

Urlaub von Anfang bis Ende: die wichtigsten Adressen und Informationen für Ihre Phuketreise

BANKEN & KREDITKARTEN

Banken wechseln Reisechecks in Dollar, Euro, Franken *(Mo–Fr 8.30 bis 15.30 Uhr, Wechselschalter tgl., oft bis 22 Uhr)*. Bei Kreditkarten verlangen viele Geschäfte einen (nicht korrekten!) Aufschlag. Mit Kreditkarten bekommen Sie auch Bargeld (Reisepass), einfacher ist es an Geldautomaten (ATM). Visa und Mastercard werden von allen Banken akzeptiert. Mit der EC-Karte können Sie Geld aus vielen Automaten mit dem Maestro-Zeichen ziehen. Filialen der Bangkok Bank akzeptieren auch American Express. Pro Bargeldabhebung müssen Sie eine Gebühr von 150 Baht bezahlen. Bei Verlust sollten Sie die Karte unbedingt im Heimatland sperren lassen.

DIPLOMATISCHE VERTRETUNGEN

DEUTSCHE BOTSCHAFT
9, Sathorn Tai Rd. | Bangkok 10120 | Tel. 02 2 87 90 00 | Mo–Fr 8–12 Uhr | Bereitschaftsdienst für Notfälle außerhalb der Bürzeiten: Tel. 08 18 45 62 24 | www.bangkok.diplo.de

DEUTSCHES HONORARKONSULAT
9 Chalermprakiat Rd. (Bypass Rd.) | Phuket | Tel. 076 61 04 07 | Mo–Fr 9–13 Uhr | www.deutscheskonsulatphuket.com

ÖSTERREICHISCHE BOTSCHAFT
14 Soi Nandha | Sathorn Tai Rd. | Bangkok 10120 | Tel. 02 3 03 60 57 | Mo–Fr 9–12 Uhr | Bereitschaftsdienst für Notfälle: Tel. 08 19 03 65 16 | www.aussenministerium.at/botschaft/bangkok

ÖSTERREICHISCHES HONORARKONSULAT
2 Moo 4 | Wirathongyok Rd. | Phuket | Tel. 076 24 83 34 | Di, Mi, Fr 10–12 Uhr | phummisak@anuphas.co.th

SCHWEIZER BOTSCHAFT
35 North Wireless Rd. | Bangkok 10330 | Tel. 0 26 74 69 00 | Mo–Fr 9–11.30 Uhr | Bereitschaftsdienst für Notfälle Tel. +41 3132 44 18 76 (in der Schweiz), Tel. 02 6 74 69 00 (in Bangkok) | www.eda.admin.ch/bangkok

WAS KOSTET WIE VIEL?

Bier	1,60 Euro *für 0,3 l im Lokal*
Strandliege	5 Euro *für zwei Liegen mit Sonnenschirm pro Tag*
Massage	8 Euro *am Strand*
Suppe	1 Euro *für eine Nudelsuppe in der Garküche*
Benzin	1 Euro *für einen Liter Super*
Ananas	25 Cent Euro *für eine ganze Frucht*

EINREISE

Aufenthalt bis zu 30 Tagen ohne Visum möglich (Pass mindestens noch sechs Monate gültig). Ein Touristenvisum für 60 Tage kostet für Deutsche 25, für Österreicher 30 Euro, für Schweizer 30 Franken. Antragsformulare können Sie von den Websites der thailändischen Botschaft herunterladen. Visa stellen auch die thailändischen Konsulate aus. Wer seinen Aufenthalt überzieht, muss bei der Ausreise ab dem zweiten Tag 500 Baht/Tag bezahlen.

VERTRETUNGEN THAILANDS FÜR DIE VISABESCHAFFUNG

– Königlich-Thailändische Botschaft: Lepsiusstr. 64–66 | 12163 Berlin | Tel. 030 79 48 10 | www.thaiembassy.de

– Königlich-Thailändische Botschaft: Cottagegasse 48 | 1180 Wien | Tel. 01 47 83 33 35 | www.thaiembassy.at

– Königlich-Thailändische Botschaft: Kirchstr. 56 | 3097 Bern-Liebefeld | Tel. 031 9 70 30 30 | www.thaiembassy.org/bern

GESUNDHEIT

Impfungen sind nicht vorgeschrieben. Leitungswasser sollten Sie nicht trinken. Erfahrungsgemäß können Sie auch in einfachen Garküchen ohne Bedenken zugreifen. Thais lassen bei der Zubereitung von Snacks und Mahlzeiten Sorgfalt walten. Die ärztliche Versorgung auf Phuket ist ausgezeichnet. Das beste Krankenhaus der Insel ist das *Bangkok Phuket Hospital (Tel. 076 25 44 21 | www.phukethospital.com)*. Ebenfalls von internationalem Standard ist das *Phuket International Hospital (Tel. 076 25 44 21 | www.phuket-inter-hospital.co.th)*. In beiden gibt es Deutsch sprechendes Personal. Krankenwagen müssen von den Krankenhäusern angefordert werden. Die Zahnarztpraxen sind ebenfalls von hohem Standard und deutlich günstiger als in Deutschland.

INTERNET

Phuket-Infos gibt es auf zahlreichen Webseiten: *www.phuketdelight.com*, *www.phuket.com*, *www.phukettourism.org* und *www.phuket-online.com*. Auflistung von Stränden auf *www.phuket.as*. Die beste Seite fürs Wetter ist *www.phuket-weather.blogspot.com*. Karten von den Stränden auf *www.phuket-maps.com* .

INTERNETCAFÉS & WLAN

Internetcafes gibt es überall auf Phuket. Kosten: ca. 1 Baht pro Minute. Meist deutlich teurer sind die I-Net-PCs in den Hotellobbys. Viele Resorts und Lokale bieten Hotspots für den drahtlosen Internetzugang an. Aber während Restaurants in aller Regel nichts dafür verlangen, nehmen viele Resorts bis zu 200 Baht pro Stunde. Wenn Sie mit Ihrem eigenem Laptop und Hotspot gern ins Netz gehen, erkundigen Sie sich vorher, wieviel Ihr Resort pro Stunde (oder Tag) verlangt. Nur wenige Baht pro Minute kostet es, wenn Sie mit einem Modem und einer thailändischen Internet-Simcard ins Netz gehen. Die Karten bekommen Sie in vielen Shops und in jedem Minimarkt der Ladenkette 7-Eleven. In Thailand ist für WLAN der Begriff WIFI (gesprochen „waifai") gebräuchlich.

KINDERSCHUTZ

Vor allem am Patong Beach laufen nachts Kinder von Bar zu Bar und verkaufen Zigaretten, Kaugummis, Blumen. Die Kinderschutzorganisation *Childwatch Phuket (www.childwatchphuket.org)* schreibt: „Je mehr ihnen abgekauft wird, umso sicherer ist es, dass sie bis in den frühen Morgen arbeiten müssen. Egal wie groß die Augen der Kleinen auch sind und wie viel Mitleid Sie haben, es ist besser für die Kinder, ihnen nichts abzukaufen."

KLIMA & REISEZEIT

Die Monate November bis Februar entsprechen einem mitteleuropäischen Traumsommer. Danach wird es bis Mai sehr heiß, nachts kühlt es nur wenig ab.

PRAKTISCHE HINWEISE

In der Regenzeit (Mai bis Oktober/November) gehen die Temperaturen leicht zurück. Die regenreichste Zeit dauert von Mitte August bis Mitte Oktober.

MIETWAGEN

Ein Mietwagen eignet sich sehr gut, um die Insel zu erkunden (Jeeps für ca. 25 Euro, Aircon-Pkw ab ca. 40 Euro, Rabatte bei längerer Mietzeit). Filialen von Avis *(Tel. 076 35 12 43 | www.avisthailand.com)* und Budget *(Tel. 076 20 53 96 | www.budget.co.th)* am Flughafen und in großen Hotels. Einen guten Ruf hat *Pure Car Rent (Phuket Town | 75 Rasada Rd. | Tel. 076 21 10 02 | www.purecarrent.com)*. Es herrscht Linksverkehr. Ein internationaler Führerschein ist Vorschrift. Achten Sie unbedingt auf einen Versicherungsschutz, der sowohl Personen- wie auch Sachschäden mit einschließt. Ein seriöses Unternehmen wird Ihnen die entsprechende Police anbieten. Halten Sie Abstand von den Verleihern, die vom Straßenrand aus ihr Privatfahrzeug oder irgendwelche, nicht als Mietwgen registrierten Fahrzeuge anbieten. Das vermeintliche Schnäppchen kann Sie unter Umständen teuer zu stehen kommen. Alternative zum Selbstfahren ist ein Mietwagen mit Fahrer *(8 Std. Aufpreis von ca. 13 Euro)*.

ÖFFENTLICHE VERKEHRSMITTEL

Der öffentliche Nahverkehr hat einen großen Nachteil: Die Busse und überdachten Pick-ups mit Bänken sind zwar billig, aber fahren nur von 7 bis ca. 17 Uhr – und das auch nur von den Stränden nach Phuket Town *(in die Ranong Rd., nahe Kreisverkehr)*. Wenn Sie ohne Umweg über die Stadt von einem Strand zum anderen wollen oder nachts unterwegs sind, müssen Sie ein Tuk Tuk chartern – und um den Preis feilschen! Taxis mit Taxameter sind nur am Airport stationiert.

POST

Luftpostbriefe nach Europa bis 10 g kosten 17 Baht, Postkarten 15 Baht. Sie sind normalerweise 5 bis 7 Tage unterwegs. Luftpostpakete (5 kg) kosten etwa 2500 Baht. Das Hauptpostamt ist in Phuket Town *(Montri Rd. | Mo–Fr 8.30–16.30, Sa 9–12 Uhr)*.

WÄHRUNGSRECHNER

€	THB	THB	€
1	39	10	0,25
3	117	50	1,27
5	196	150	3,82
10	391	500	12,75
30	1173	1000	25,49
50	1955	5000	127,45
100	3910	10 000	254,91
500	19 550	20 000	509,81

PREISE & WÄHRUNG

Der thailändische *Baht* wird in 100 *Satang* unterteilt. Im Umlauf sind Scheine zu 20, 50, 100, 500 und 1000 Baht. Die kleinsten Münzen zu 25 und 50 Satang erhält man fast nur in Supermärkten. Gebräuchlich sind Münzen zu 1, 2, 5 und 10 Baht. Ein Reisgericht bekommen Sie in einfachen Lokalen schon für ca. 1,50 Euro. Ein Zwei-Gänge-Menü kostet selten mehr als 6 Euro. In Supermärkten und in den großen Shoppingcentern gelten Festpreise. Ansonsten sollten Sie feilschen. Thais sehen es übrigens nicht als ungerecht an, wenn sie von Ausländern höhere Preise nehmen. Dieses Zwei-Preis-System ist auch in vielen privaten Einrichtungen wie Zoos und Vergnügungsparks gang und gäbe. Auch staatliche Institutionen wie Nationalparks und Museen verlangen von Ausländern höhere Preise.

STROM

Stromspannung: 220 Volt. Ältere Steckdosen sind nur für Flachstecker geeignet. Zwischenstecker gibt es in Elektrogeschäften.

TELEFON & HANDY

Vorwahl nach Deutschland 00149, nach Österreich 00143, in die Schweiz 00141, dann die Ortsnetzkennzahl ohne vorangestellte Null. Vorwahl aus dem Ausland nach Phuket 006676. Telefonkarten für öffentliche Telefone gibt es bei der Post/Telecommunication und in vielen Shops. Bessere Hotels haben in den Zimmern IDD-Telefone, über die der Gast direkt ins Ausland anrufen kann. Die Tarife sind aber meist sehr hoch. Bei Telefonaten mit Ihrem Handy fallen Roaminggebühren an. Für ankommende Gespräche müssen Sie den größten Teil der Kosten selbst tragen! Sie können Ihre SIM-Karte durch eine thailändische ersetzen. Wiederaufladbare Karten gibt es überall. Mit der offiziellen Vorwahl 00149 kostet ein Anruf nach Deutschland ca. 20 Baht pro Minute. Die thailändischen

WETTER AUF PHUKET

	Jan.	Feb.	März	April	Mai	Juni	Juli	Aug.	Sept.	Okt.	Nov.	Dez.
Tagestemperaturen in °C	31	32	33	33	31	31	30	30	30	30	30	31
Nachttemperaturen in °C	22	22	23	24	24	25	24	25	24	24	23	22
Sonnenschein Stunden/Tag	9	9	8	8	7	6	6	6	6	5	5	7
Niederschlag Tage/Monat	4	4	7	15	20	19	17	18	20	20	15	8
Wassertemperaturen in °C	27	28	29	29	29	29	28	28	28	28	28	27

PRAKTISCHE HINWEISE

Mobilfunkunternehmen bieten oft eigene Ländervorwahlnummern mit verschiedenen Tarifen an. True Move offeriert Anrufe nach Deutschland via Internet schon ab 1 Baht pro Minute. Im Schnitt kostet die Minute nach Deutschland mit den Billigvorwahlnummern 8 Baht. Die drei größten Gesellschaften sind AIS *(www.ais.co.th/12call/en/index.html)*, DTAC *(www.happy.co.th/home_en.php)* und True Move *(www.truemove.com/en/Inter-SIM-Prepay.rails)*. In vielen Shops bekommen Sie ein günstiges Zweithandy für die thailändische SIM-Karte. Einfache Handys gibt es schon ab ca. 20 Euro. Gebrauchte Handys sind noch billiger zu haben.

TOURISTENPOLIZEI

Notrufnummer landesweit: *Tel. 1155.* Station in Phuket Town: *100/31-32, Chalermphakeat Rd. (Bypass Rd. Richtung Airport, gegenüber Gems Gallery)* | *phuketdir.com/pkttouristpolice*

TRANSKRIPTION

Es gibt keine allgemein gültige Transkription von Thai-Begriffen und -Namen in das lateinische System. Daher werden Sie unterschiedliche Schreibweisen finden.

TRINKGELD

Viele bessere Restaurants erheben eine *Service Charge* (Bedienungszuschlag) von zehn Prozent. Weiteres Trinkgeld nur, wenn der Service besonders gut war. In Restaurants ohne Service Charge sind zehn Prozent Trinkgeld angemessen. Trinkgeld für Taxifahrer ist nicht üblich.

UNTERKUNFT

In der Spitze der Hauptsaison *(peak season)* von etwa 15. Dezember bis 10. Januar verlangen viele Resorts Zuschläge von 10 bis 20 Prozent. In der Nebensaison (April bis Oktober) oft Preisnachlässe bis zu 40 Prozent möglich. Zum Teil erheblich sparen Sie bei Buchungen via Internet, direkt oder über einen Hotelanbieter. Auf Hotelbuchungen spezialisiert: *www.phuket-hotels.com. www.german.hotelthailand.com* (deutsch) und *www.asiarooms.com*. Last-Minute-Schnäppchen auf *www.latestays.com*. Ein Pauschalarrangement kann günstiger sein als eine Buchung auf eigene Faust. Viele Hotels und Resorts verpflichten ihre Gäste zur Teilnahme am teuren Dinner an Weihnachten und Neujahr *(compulsory dinner)*. Wenn Sie ein Hotel um den Jahreswechsel buchen, sollten Sie vorher fragen, ob die Teilnahme Pflicht ist. Hotels mit Lageplan auf *www.2phuket.com*. Bewertungen auf *www.tripadvisor.de*, *www.holidaycheck.de* oder *www.hotelzeugnis.de*.

ZEIT

Mitteleuropäische Zeit plus sechs Stunden (Sommerzeit: plus fünf Stunden).

ZOLL

Devisen über 10 000 US-Dollar müssen bei der Einreise deklariert werden. Ausfuhr von Buddhastatuen ist verboten, Antiquitäten und Tierprodukte müssen genehmigt werden. Bei der Einreise in die EU aus Nicht-EG-Ländern: für Waren des persönlichen Bedarfs gilt eine Freigrenze von 430 Euro (Schweiz: 300 Franken). Zollfreie Mengen in die EU (die Schweiz): 200 Zigaretten oder 50 Zigarren oder 250 g Tabak, 1 l Alkohol über und 2 l Alkohol unter 22 Prozent (Schweiz 15 Prozent), 50 g Parfüm oder 250 g Eau de Toilette. Die Freigrenze bei Einfuhren von Souvenirs aus Nicht-EU-Ländern beträgt 430 Euro (Schweiz 300 Franken). *www.zoll.de, www.bmf.gv.at/zoll/_start.htm, www.ezv.admin.ch*

SPRACHFÜHRER ENGLISCH

AUSSPRACHE

Zur Erleichterung der Aussprache sind alle englischen Wörter mit einer einfachen Aussprache (in eckigen Klammern) versehen.
- θ   „s" gesprochen mit der Zungenspitze an der oberen Zahnreihe, zischend
- D   „s" gesprochen mit der Zungenspitze an der oberen Zahnreihe, summend
- '   nachfolgende Silbe wird betont
- ə   angedeutetes „e" wie in „Bitte"

AUF EINEN BLICK

ja/nein/vielleicht	yes [jäs]/no [nəu]/maybe [mäibi]
bitte/danke	please [plihs]/thank you [θänkju]
Entschuldigung.	Sorry. [sori]
Entschuldigen Sie.	Excuse me. [Iks'kjuhs mi]
Darf ich ...?/Wie bitte?	May I ...? [mäi ai]/Pardon? [‚pahdn]
Ich möchte .../Haben Sie ...?/Ich suche ...	I would like to ...[ai wudd 'laik tə]/Have you got ...? ['Häw ju got]/I'm looking for ... [aim luckin foə]
Wie viel kostet ...?	How much is ...? ['hau matsch is]
Das gefällt mir (nicht).	I (don't) like this. [Ai (dəunt) laik Dis]
gut/schlecht	good [gud]/bad [bäd]
kaputt/funktioniert nicht	broken ['brəukən]/doesn't work ['dasənd wörk]
zu viel/viel/wenig	too much [tu matsch]/much [matsch]/little [litl]
alles/nichts	everything ['evriθing]/nothing [naθing]
Hilfe!/Achtung!/Vorsicht!	Help! [hälp]/Attention! [ə'tänschən]/Caution! ['koschən]
Krankenwagen	ambulance ['ämbjulənts]
Polizei/Feuerwehr	police [po'lihs]/fire brigade [faiə brigäid]
Verbot/verboten	ban [bän]/forbidden [fohr'biddän]
Gefahr/gefährlich	danger [deinschər]/dangerous ['deinschərəss]

BEGRÜSSUNG & ABSCHIED

Gute(n) Morgen/Tag/Abend/Nacht!	Good morning [gud 'mohning]/afternoon [aftə'nuhn]/evening [‚ihwning]/night [nait]!
Hallo!/Auf Wiedersehen!	Hello! [hə'ləu]/Goodbye! [gud'bai]
Ich heiße ...	My name is ... [mai näim is]
Wie heißen Sie?	What's your name? [wots jur näim]
Ich komme aus ...	I'm from ... [Aim from ...]

Do you speak English?

„Sprichst du Englisch?" Dieser Sprachführer hilft Ihnen, die wichtigsten Wörter und Sätze auf Englisch zu sagen

DATUMS- & ZEITANGABEN

Montag/Dienstag	monday ['mandäi]/tuesday ['tjuhsdäi]
Mittwoch/Donnerstag	wednesday ['wänsdäi]/thursday ['θöhsdäi]
Freitag/Samstag/Sonntag	friday ['fraidäi]/saturday ['sätərdäi]/sunday [,sandäi]
Feiertag/Werktag	holiday ['holidäi]/weekday [,wihkdäi]
heute/morgen/gestern	today [tə'däi]/tomorrow [tə'morəu]/yesterday ['jästədäi]
Stunde/Minute	hour ['auər]/minutes ['minəts]
Tag/Nacht/Woche	day [däi]/night [nait]/week [wihk]
Monat/Jahr	month [manθ]/year [jiər]
Wie viel Uhr ist es?	What time is it? [wot 'taim isit]
Es ist drei Uhr.	It's three o'clock. [its θrih əklok]
Es ist halb vier.	It's half past three. [its 'hahf pahst θrih]
Viertel vor/nach vier	a quarter to/past four [ə 'kwohtə tə/'pahst 'foə]

THAI

Kursives (männliche Form) ist bei Bedarf entsprechend durch […] (weibliche Form) zu ersetzen

Ja./Nein.	*kap [ka]*, tschai/mai tschai	ครับ(ค่ะ) ใช่/ไม่ใช่
Bitte./Danke.	koo … noi/kop khun *kap [ka]*	ขอ...หน่อย/ขอบคุณครับ(ค่ะ)
Entschuldigung!	koo thoot	ขอโทษ !
Guten Tag!/Guten Abend!	sawadii *kap/ka/*	สวัสดีครับ(ค่ะ)
Auf Wiedersehen!	sawadii	สวัสดี !
Ich heiße …	tschan dschu …	ฉันชื่อ ...
Ich komme aus …	tschan ma dschag …	ฉันมาจาก ......
… Deutschland.	… pratet Jeraman	ประเทศเยอรมัน
… Österreich./Schweiz.	… pratet Austria/Switzerland	ประเทศออสเตรีย/ประเทศสวิส
Ich verstehe Sie nicht.	tschan mai kautschai khun	ฉันไม่เข้าใจคุณ
Wie viel kostet es?	ni laka taulai	นี่ราคาเท่าไร ?
Bitte, wo ist …?	koo toot *kap [ka]* … juu thi nai	ขอโทษครับ(ค่ะ) ... อยู่ที่ไหน ?

1	nüng	หนึ่ง	5	haa	ห้า	9	gau	เก้า
2	soong	สอง	6	hok	หก	10	sip	สิบ
3	saam	สาม	7	dschet	เจ็ด	20	jii sip	ยี่สิบ
4	sii	สี่	8	bäät	แปด	100	nüng loi	หนึ่งร้อย

UNTERWEGS

offen/geschlossen	open ['oupän]/closed ['klousd]
Eingang/Ausgang	entrance ['äntrənts]/exit [ägsit]
Abfahrt/Ankunft	departure [dih'pahtschə]/arrival [ə'raiwəl]
Toiletten	toilets ['toilət] (auch: restrooms [restruhms])
Wo ist ...?/Wo sind ...?	Where is ...? ['weə is]/Where are ...? ['weə ahr]
links/rechts/geradeaus	left [läft]/right [rait]/straight ahead [streit ə'hät]
Bus/U-Bahn/Taxi	bus [bas]/underground [,andəgraunt]/taxi [,tägsi]
Stadtplan/(Land-)Karte	street map [striht mäp]/map [mäp]
Bahnhof/Haltestelle	(train) station [(träin) stäischən]/stop [stap]
Flughafen/Hafen	airport ['eəpohrt]/harbour [hahbə]
Fahrplan/Fahrschein	schedule ['skädjuhl]/ticket ['tikət]
einfach/hin und zurück	single ['singəl]/return [ri'törn]
Zug/Gleis/Bahnsteig	train [träin]/track [träk]/platform [,plätfohm]
Ich möchte ... mieten.	I would like to rent ... [Ai wud laik tə ränt ...]
ein Auto/Fahrrad/Boot	a car [ə kahr]/a bicycle [ə 'baisikl]/a boat [ə bout]
Tankstelle/Werkstatt	petrol station ['pätrol stäischən]/garage [,gärasch]

ESSEN & TRINKEN

Die Speisekarte, bitte.	The menue, please. [Də 'mänjuh plihs]
Könnte ich bitte ... haben?	Could I please have ...? [kudd ai 'plihs häw ...]
Salz/Pfeffer/Zucker	salt [sohlt]/pepper ['päppə]/sugar ['schuggə]
Essig/Öl/Zitrone	vinegar ['viniga]/oil [oil]/lemon [,lämən]
mit/ohne Eis/Kohlensäure	with [wiD]/without ice [wiD'aut ais]/gas [gäs]
Vegetarier(in)/Allergie	vegetarian [wätschə'tärian]/allergy ['ällədschi]
Ich möchte zahlen, bitte.	May I have the bill, please? [mäi ai häw De bill plihs]

EINKAUFEN

Apotheke/Drogerie	pharmacy ['farməssi]/chemist ['kemist]
Bäckerei/Markt	bakery ['bäikəri]/market ['mahkit]
Einkaufszentrum/Kaufhaus/Supermarkt	shopping mall ['schopping mol]/department store [di'pahtmənt stohr]/supermarket [,sjupəmahkət]
100 Gramm/1 Kilo	100 gram [won 'handrəd gräm]/1 kilo [won kiləu]
teuer/billig/Preis	expensive [iks'pänsif]/cheap [tschihp]/price [prais]
mehr/weniger	more [mor]/less [läss]

ÜBERNACHTEN

Ich habe ein Zimmer reserviert.	I have booked a room. [ai häw buckt ə ruhm]
Einzelzimmer	single room ['singəl ruhm]
Doppelzimmer	double room ['dabbəl ruhm] (Bei zwei Einzelbetten: twin room ['twinn ruhm])

SPRACHFÜHRER

Frühstück/Dusche/Bad	breakfast ['bräckfəst]/shower ['schauər]/bath [bahθ]
nach vorne/zum Meer	forward [fohwəd]/to the sea [tu Də sih]
Schlüssel/Zimmerkarte	key [ki]/room card ['ruhm kahd]
Gepäck/Koffer/Tasche	luggage ['laggətsch]/suitcase ['sjutkäis]/bag [bäg]

BANKEN & GELD

Bank/Geldautomat	bank [bänk]/ATM [äi ti äm] (auch: cash machine ['käschməschin])
Ich möchte ... wechseln.	I'd like to change ... [aid laik tu tschäindsch]
bar/ec-Karte/Kreditkarte	cash [käsch]/ATM card [äi ti äm kahrd]/credit card [krädit kahrd]
Banknote/Münze	note [nout]/coin [koin]
Wechselgeld	change [tschäindsch]

GESUNDHEIT

Arzt/Zahnarzt/Kinderarzt	doctor ['doktər]/dentist ['däntist]/pediatrician [pidiə'trischən]
Krankenhaus/Notfallpraxis	hospital ['hospitəl]/ emergency clinic [i'mördschəntsi 'klinik]
Fieber/Schmerzen	fever ['fihwər]/pain [päin]
Durchfall/Übelkeit	diarrhoea [daiə'riə]/nausea ['nohsiə]
Schmerzmittel/Tablette	pain reliever [päin re'lihwər]/tablet ['täblət]

TELEKOMMUNIKATION & MEDIEN

Telefonkarte/Handy	phone card ['founkahd]/mobile['mobail]
Wo finde ich einen Internetzugang?	Where can I find internet access? [wär känn ai faind 'internet 'äkzäss]
Brauche ich eine spezielle Vorwahl?	Do I need a special area code? [du ai nihd ə 'späschəl 'äriə koud]
Internetanschluss/WLAN	internet connection ['internet kə'näktschən]/ Wifi [waifai]

ZAHLEN

0	zero ['sirou]	10	ten [tän]
1	one [wan]	11	eleven [i'läwn]
2	two [tuh]	12	twelve [twälw]
3	three [θri]	20	twenty ['twänti]
4	four [fohr]	50	fifty ['fifti]
5	five [faiw]	100	(one) hundred [('wan) 'handrəd]
6	six [siks]	1000	(one) thousand [('wan) θausənd]
7	seven ['säwən]	10000	ten thousand ['tän θausənd]
8	eight [äit]	1/2	a/one half [ə/wan 'hahf]
9	nine [nain]	1/4	a/one quarter [ə/wan 'kwohtə]

REISEATLAS

Die grüne Linie ▬ zeichnet den Verlauf der Ausflüge & Touren nach
Die blaue Linie ▬ zeichnet den Verlauf der Perfekten Route nach

Der Gesamtverlauf aller Touren ist auch in
der herausnehmbaren Faltkarte eingetragen

Bild: Karon Beach

Unterwegs auf Phuket

Die Seiteneinteilung für den Reiseatlas finden Sie auf dem hinteren Umschlag dieses Reiseführers

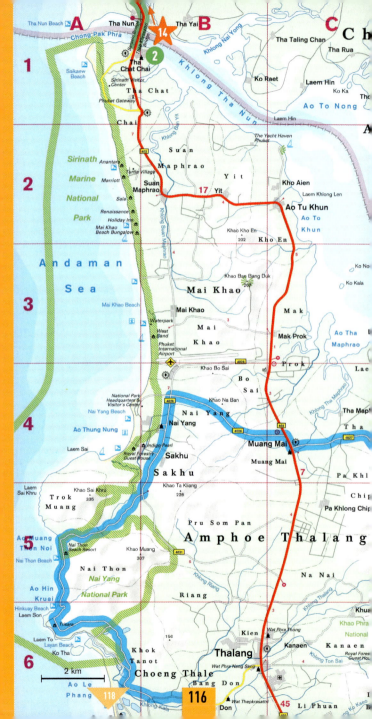

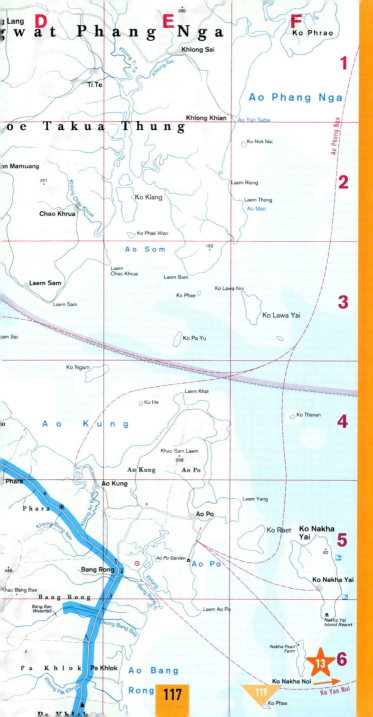

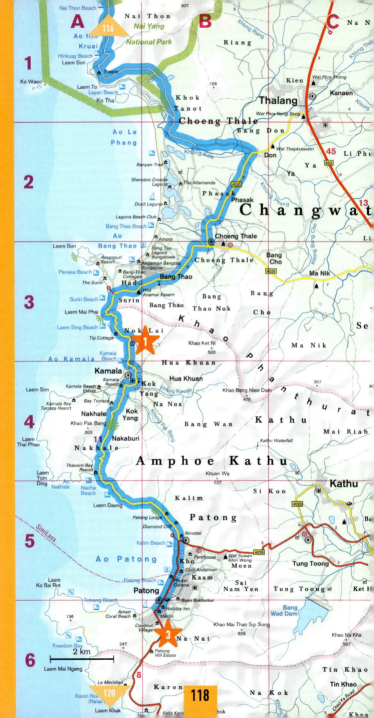

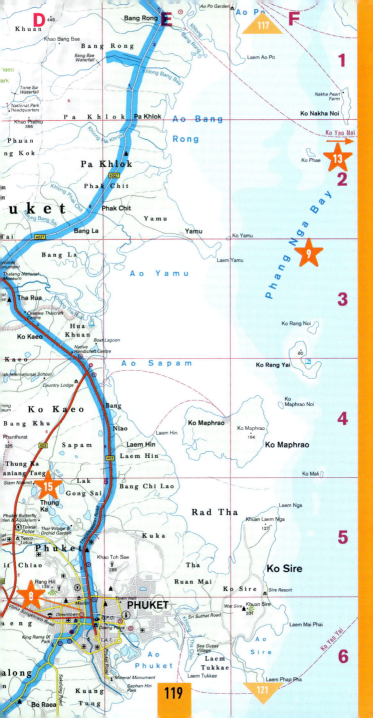

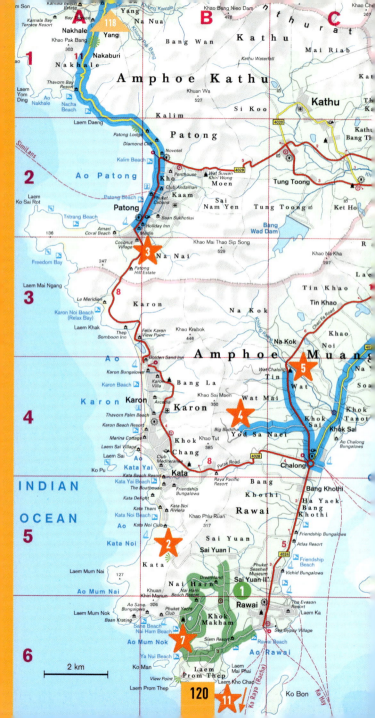

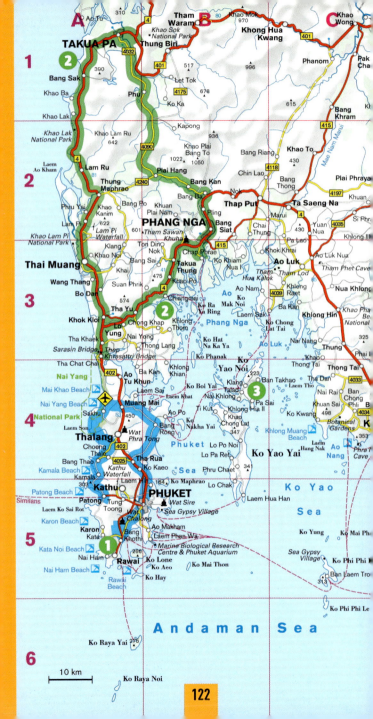

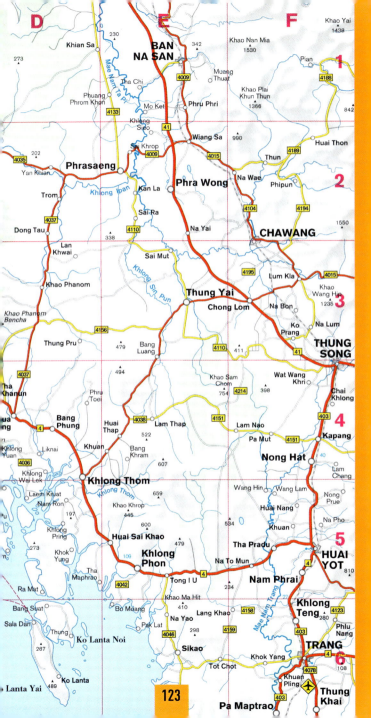

KARTENLEGENDE

————	Highway Fernverkehrsstraße Grande route de transit Strada di transito	✚	Hospital Krankenhaus Hôpital Ospedale
————	Main road Hauptstraße Route principale Strada principale	✹	Police Polizei Police Polizia
————	Secondary road Nebenstraße Route secondaire Strada secondaria	📡	Broadcasting station Funkstation Station radio Stazione radio
·········	Carriage way, Path Fahrweg, Pfad Chemin carrosable, Sentier Strada carrozzabile, Sentiero	/	Waterfall Wasserfall Cascade Cascata
Ⓣ	Petrol station Tankstelle Station essence Stazione di rifornimento	⛳	Golf Golf Golf Golf
7 8 45	Distance in km Entfernung in km Distance en km Distanze in km	⚓	Harbour Hafen Port Porto
▭▭▭▭	County boundary Bezirksgrenze Frontière de province Confine di provincia	•	Point of interest Sehenswürdigkeit Curiosité Curiosità
·········	Parish boundary Gemeindegrenze Front. de commune Conf. di municipio	⌂	Hotel Hotel Hôtel Albergo
✈	Airport Flughafen Aéroport Aeroporto	🏖	Beach Strand Plage Spiaggia
ⓘ	Information Information Informations Informazione	🤿	Scuba diving Sporttauchen Sous-marine plongée Sport subaqueo
♟	Buddhist temple Buddha-Tempel Temple bouddhique Tempio buddista	🏄	Waterskiing Wasserski Ski nautique Sci nautico
🏯	Chinese temple Chinesischer Tempel Temple chinois Tempio cinese	⛵	Yachting Segelsport Centre de voile Sport velico
☪	Mosque Moschee Mosquée Moschea	☀	View point Aussichtspunkt Vue panoramique Panorama
✝	Church Kirche Église Chiesa	▱	National park Nationalpark Parc national Parco nazionale
⚐	Monument Denkmal Monument Monumento	▬	**Excursions & tours** **Ausflüge & Touren** **Excursions & tours** **Gite & escursione**
✉	Post office Postamt Poste Posta	▬	**Perfect route** **Perfekte Route**
★1	**MARCO POLO Highlight**		

FÜR DIE NÄCHSTE REISE ...

ALLE **MARCO POLO** REISEFÜHRER

DEUTSCHLAND

Allgäu
Bayerischer Wald
Berlin
Bodensee
Chiemgau/
 Berchtesgadener
 Land
Dresden/
 Sächsische
 Schweiz
Düsseldorf
Eifel
Erzgebirge/
 Vogtland
Föhr/Amrum
Franken
Frankfurt
Hamburg
Harz
Heidelberg
Köln
Lausitz/
 Spreewald/
 Zittauer Gebirge
Leipzig
Lüneburger Heide/
 Wendland
Mecklenburgische
 Seenplatte
Mosel
München
Nordseeküste
 Schleswig-
 Holstein
Oberbayern
Ostfriesische Inseln
Ostfriesland/
 Nordseeküste
 Niedersachsen/
 Helgoland
Ostseeküste
 Mecklenburg-
 Vorpommern
Ostseeküste
 Schleswig-
 Holstein
Pfalz
Potsdam
Rheingau/
 Wiesbaden
Rügen/Hiddensee/
 Stralsund
Ruhrgebiet
Sauerland
Schwarzwald
Stuttgart
Sylt
Thüringen
Usedom
Weimar

ÖSTERREICH SCHWEIZ

Berner Oberland/
 Bern
Kärnten
Österreich
Salzburger Land
Schweiz
Steiermark
Tessin
Tirol
Wien
Zürich

FRANKREICH

Bretagne
Burgund
Côte d'Azur/
 Monaco
Elsass
Frankreich
Französische
 Atlantikküste
Korsika
Languedoc-
 Roussillon
Loire-Tal
Nizza/Antibes/
 Cannes/Monaco
Normandie
Paris
Provence

ITALIEN MALTA

Apulien
Dolomiten
Elba/Toskanischer
 Archipel
Emilia-Romagna
Florenz
Gardasee
Golf von Neapel
Ischia
Italien
Italienische Adria
Italien Nord
Italien Süd
Kalabrien
Ligurien/Cinque
 Terre
Mailand/
 Lombardei
Malta/Gozo
Oberital. Seen
Piemont/Turin
Rom
Sardinien
Sizilien/Liparische
 Inseln
Südtirol
Toskana
Umbrien
Venedig
Venetien/Friaul

SPANIEN PORTUGAL

Algarve
Andalusien
Barcelona
Baskenland/
 Bilbao
Costa Blanca
Costa Brava
Costa del Sol/
 Granada
Fuerteventura
Gran Canaria
Ibiza/Formentera
Jakobsweg/
 Spanien
La Gomera/
 El Hierro
Lanzarote
La Palma
Lissabon
Madeira
Madrid
Mallorca
Menorca
Portugal
Spanien
Teneriffa

NORDEUROPA

Bornholm
Dänemark
Finnland
Island
Kopenhagen
Norwegen
Oslo
Schweden
Stockholm
Südschweden

WESTEUROPA BENELUX

Amsterdam
Brüssel
Cornwall und
 Südengland
Dublin
Edinburgh
England
Flandern
Irland
Kanalinseln
London
Luxemburg
Niederlande
Niederländische
 Küste
Schottland

OSTEUROPA

Baltikum
Budapest
Danzig
Krakau
Masurische Seen
Moskau
Plattensee
Polen
Polnische
 Ostseeküste/
 Danzig
Prag
Slowakei
St. Petersburg
Tallinn
Tschechien
Ukraine
Ungarn
Warschau

SÜDOSTEUROPA

Bulgarien
Bulgarische
 Schwarzmeer-
 küste
Kroatische Küste/
 Dalmatien
Kroatische Küste/
 Istrien/Kvarner
Montenegro
Rumänien
Slowenien

GRIECHENLAND TÜRKEI ZYPERN

Athen
Chalkidiki/
 Thessaloniki
Griechenland
 Festland
Griechische Inseln/
 Ägäis
Istanbul
Korfu
Kos
Kreta
Peloponnes
Rhodos
Samos
Santorin
Türkei
Türkische Südküste
Türkische Westküste
Zákinthos/Itháki/
 Kefaloniá/Léfkas
Zypern

NORDAMERIKA

Alaska
Chicago und
 die Großen Seen
Florida
Hawai`i
Kalifornien
Kanada
Kanada Ost
Kanada West
Las Vegas
Los Angeles
New York
San Francisco
USA
USA Ost
USA Südstaaten/
 New Orleans
USA Südwest
USA West
Washington D.C.

MITTEL- UND SÜDAMERIKA

Argentinien
Brasilien
Chile
Costa Rica
Dominikanische
 Republik
Jamaika
Karibik/
 Große Antillen
Karibik/
 Kleine Antillen
Kuba
Mexiko
Peru/Bolivien
Venezuela
Yucatán

AFRIKA UND VORDERER ORIENT

Ägypten
Djerba/
 Südtunesien
Dubai
Israel
Jordanien
Kapstadt/
 Wine Lands/
 Garden Route
Kapverdische
 Inseln
Kenia
Marokko
Rotes Meer/Sinai
Südafrika
Tansania/
 Sansibar
Tunesien
Vereinigte
 Arabische
 Emirate

ASIEN

Bali/Lombok/Gilis
Bangkok
China
Hongkong/Macau
Indien
Indien/Der Süden
Japan
Kambodscha
Ko Samui/
 Ko Phangan
Krabi/Ko Phi Phi/
 Ko Lanta
Malaysia
Nepal
Peking
Philippinen
Phuket
Shanghai
Singapur
Sri Lanka
Thailand
Tokio
Vietnam

INDISCHER OZEAN UND PAZIFIK

Australien
Malediven
Mauritius
Neuseeland
Seychellen

REGISTER

Im Register finden Sie alle im Reiseführer erwähnten Orte, Inseln (Ko), Strände und Buchten, Ausflugsziele und wichtige Sachbegriffe und Personen. Gefettete Seitenzahlen verweisen auf den Haupteintrag.

Adventure Minigolf 94
Andamansee 21, **92**, 93
Ao Po 75
Ao Sane Beach 52, **60**, 65, 92, 94
Bamboo Island 78
Bang Ba 87
Bang-Pae-Wasserfall 36
Bang Rong 30
Bang Tao Beach 14, 17, **32**, 44, 49, 94, 96, 100, 128
Ban Laem Trong 76
Bhumibol Adulyadej 22, 98
Big Buddha 30, **59**
Boat Lagoon 73
Buddhismus 14, 20
Burma Banks 93
Butterfly Garden & Insectarium 96
Central Festival 29, 70
Chalong 18, 30, 48, **58**, 59, 76, 79, 91, 92, 95, 96, 100
Chao Leh 13, 21, 99
Cheow Larn 88
Chinesisches Neujahrsfest 98
Choeng Thale 33
Coral Island 92
Danze Fantasy Theatre 54
Diamond Beach 56
Dino Park 95
FantaSea 38
Freedom Beach 56
Friendship Beach 58, 96
Gay Pride Festival 98
Gibbon Rehabilitation Centre 30, 36
Gummi 11, 13, 14, 15, 19, **20**, 62
Heroines Monument 30, **37**
Hin Kruai 31, **47**
Islamiya Mosque 33
James Bond Island 87
Jui Tui Temple 66
Jungceylon 31, 53
Kalim Beach 53
Kamala Beach 36, **37**
Kao Phra Kaeo Park 90
Kao Phra Thaeo Park 18, 19, 30, **36**
Karon Beach **39**, 42, 46, 94, 95, 128
Karon Viewpoint 42
Kata Beach 16, 46, 60, 92, 94, 95, 128
Kata Noi Beach **40**, 94
Kata Viewpoint 42
Kata Yai Beach 40, **42**

Kathu Waterfall 53
Khao Lak 88
Khao Rang 68
Khao Sok National Park 17, 19, **87**, 90, 91
Khok Kloi 86
King's Cup Regatta 99
Ko He 92
Ko Jum 74
Kokospalme 11, 18, 58, **62**
Ko Lanta 74
Ko Lone 76
Ko Mai Pai 78
Ko Man 64
Ko Naka Noi 29
Ko Pannyi **74**, 87
Ko Phi Phi 14, 15, 52, 74, **76**, 92, 93
Ko Phi Phi Don 78
Ko Phi Phi Le 78
Ko Phi Phi Viewpoint 76
Ko Raya 92
Ko Raya Yai 79
Ko Similan **79**, 92, 93
Ko Sirey 21, 69
Ko Surin 93
Ko Tapu 74
Ko Yao Noi 15, 79, **80**, 83, 88, 92, 93
Ko Yao Yai 15, **82**, 93
Kwan Im Teng 66
Laem Ka Beach 58
Laem Phan Wa 58, **61**, 98
Laem Promthep **63**, 85, 86
Laem Singh **57**
Laem Son 44
Laguna Project 32
Lamsai 89
Layan Beach **44**
Lo Dalum Bay 77
Loi Kratong 99
Loi Rüa 99
Lom Lae Beach 89
Longtail **20**, 74
Mai Khao Beach 18, **44**, 47, 96
Mangroven 19, **21**, 45, 58, 82, 83, 87, 89
Maya Bay 78
Mittrapab Beach 58, 96
Monsun 23, 48, 58, 61, 62, 80, 99
Moulin Rose 54
Nagakerd 59
Nai Harn Beach **62**, 64, 65, 84, 92, 94
Nai Harn Lake 85

Nai Thon Beach 31, 44, **46**, 47
Nai Yang Beach 18, 30, 31, **47**, 48, 98
Nai Yang National Park 48
Naka Noi 29
Night Market 70
Old Phuket Gallery 70
Old Phuket Town 11, **67**, 98
Orchid Garden 68
Pansea Beach 49
Paradise Beach 56
Patong 17, 20, 22, 47, 98, 99
Patong Beach 13, 14, 28, 29, 31, 46, **50**, 53, 57, 94, 95, 98, 106, 128
Phang Nga Bay 52, **74**, 80, 86, 91, 92
Phra Nang Sang 37
Phra Pitak Chinpracha Mansion 68
Phra Thong 37
Phuket Aquarium 16, **61**
Phuket Bike Week 98
Phuket Marathon 99
Phuket Old Town Festival 98
Phuket Riding Club 96
Phuket Tin Mining Museum 73
Phuket Town 14, 16, 20, 21, 28, 29, 30, 53, **66**, 96, 98, 99, 104, 107, 109
Promthep Alternative Energy Station 64, 85
Quest Laguna Adventure 96
Rang Hill 68
Ran Ti Bay 76
Rawai 17, 64, 76
Rawai Beach 21, **64**, 86, 98, 99
Richelieu Rock 93
Robinson 29, 70
Sam San Temple 68
Schnorcheln 43, **92**
Sea Gypsy Island 74
Siam Niramit 14, 97
Siam Safari 96
Silk Museum 97
Simon Cabaret 54
Sirikit 98
Sirinat National Park 19, 45, **48**
Soi Bangla 31, **54**
Soi Rommani 68
Sok River 88
Songkran 98
Splash Jungle 96

IMPRESSUM

Surat Thani 87
Surin Beach 16, 31, 36, 49, **56**, 57
Takhao Bay 80, 89
Takua Pa 87, 88
Taoismus 14
Tauchen 15, 18, 39, 53, 61, 76, 77, 79, 83, 92, **93**
Tempelfest 98
Tha Dan 74, 75, 86
Thaihua Museum 68

Thai Village 68
Thalang 12, **36**, 37, 100
Thalang National Museum 28, 30, **37**
Tham Yai 86
The Plaza Surin 56
Tonsai Bay 79
Tonsai Village 76
Ton-Sai-Wasserfall 36
Tsunami 14, 76, 88
Turtle Village 45

Vegetarier-Festival 66, **99**
Viking Cave 78
Wat Chalong 30, **59**, 98
Wat Nai Harn 84
Wat Phra Nang Sang 37
Wat Phra Thong 37
Wat Sirey 69
Wat Suwan Khuha 86
Ya Nui Beach **65**, 86
Zinn 12, 13, 14, 18, 32, 68, 73

SCHREIBEN SIE UNS!

SMS-Hotline: 0163 6 39 50 20

Egal, was Ihnen Tolles im Urlaub begegnet oder Ihnen auf der Seele brennt, lassen Sie es uns wissen! Ob Lob, Kritik oder Ihr ganz persönlicher Tipp – die MARCO POLO Redaktion freut sich auf Ihre Infos.

Wir setzen alles dran, Ihnen möglichst aktuelle Informationen mit auf die Reise zu geben. Dennoch schleichen sich manchmal Fehler ein – trotz gründ-

E-Mail: info@marcopolo.de

licher Recherche unserer Autoren/innen. Sie haben sicherlich Verständnis, dass der Verlag dafür keine Haftung übernehmen kann. Kontaktieren Sie uns per SMS, E-Mail oder Post!

MARCO POLO Redaktion
MAIRDUMONT
Postfach 31 51
73751 Ostfildern

IMPRESSUM
Titelbild: Long Tail Boat, picture-alliance: Robert Harding World Imagery (Emmerson)
Fotos: Brush Restaurant (17 u.); DuMont Bildarchiv: Sasse (78, 103, 114/115); W. Hahn (1 u., 6, 36, 53, 60); Huber: Schmid (Klappe r., 10/11, 30 l.), Stadler (26 r.); iStockphoto.com: Paul Pegler (16 M.), ShyMan (16 o.); M. Kirchgessner (28); Laif: Amme (30 r., 38), Heuer (9, 45), Sasse (Klappe l., 3 o., 3 u., 34, 40, 54, 66/67, 84/85); Mai Khao Marine Turtle Foundation: Ornjaree Nawee (16 u.); mauritius images: Alamy (8, 18/19, 64, 68, 87, 88), ib (Kreder) (4), ib (Stadler) (2 o., 5, 81, 82), ib (Stella) (97); H. Mielke (3 M., 12/13, 29, 74/75, 90/91, 93); picture-alliance: Robert Harding World Imagery (Emmerson) (1 o.); O. Stadler (2 M. u., 2 u., 24/25, 32/33, 57, 58/59, 76/77, 94/95); O. Stadler & A. Stubhan (15, 20, 21, 22, 26 l., 27, 47, 49, 71, 72, 98 l., 102 o., 102 u.); T. Stankiewicz (42, 50, 63); Tree Tops (17 o.); M. Weigt (2 M. o., 7, 28/29, 98/99)

6. Auflage 2013
Komplett überarbeitet und neu gestaltet
© MAIRDUMONT GmbH & Co. KG, Ostfildern
Chefredaktion: Michaela Lienemann (Konzept, Chefin vom Dienst), Marion Zorn (Konzept, Textchefin)
Autor: Wilfred Hahn, Redaktion: Cordula Natusch
Verlagsredaktion: Anita Dahlinger, Ann-Katrin Kutzner, Nikolai Michaelis
Bildredaktion: Gabriele Forst
Im Trend: wunder media, München
Kartografie Reiseatlas: © Berndtson & Berndtson Productions GmbH, Fürstenfeldbruck;
Kartografie Faltkarte: © Berndtson & Berndtson Productions GmbH, Fürstenfeldbruck
Innengestaltung: milchhof:atelier, Berlin; Titel, S. 1, Titel Faltkarte: factor product münchen
Sprachführer: in Zusammenarbeit mit Ernst Klett Sprachen GmbH, Stuttgart, Redaktion PONS Wörterbücher
Das Werk einschließlich aller seiner Teile ist urheberrechtlich geschützt. Jede urheberrechtsrelevante Verwertung ist ohne Zustimmung des Verlags unzulässig und strafbar. Das gilt insbesondere für Vervielfältigungen, Übersetzungen, Nachahmungen, Mikroverfilmungen und die Einspeicherung und Verarbeitung in elektronischen Systemen.
Printed in China.

BLOSS NICHT ☝

Worauf Sie achten sollten, um Schwierigkeiten zu vermeiden

DIE SONNE UNTERSCHÄTZEN

Auf den Fähren zu den Inseln sitzen viele Urlauber an Deck. Der Fahrtwind bläst ihnen kühl um die Nase, dabei merken sie gar nicht, dass hier die Sonne genauso sticht wie am Strand – und kommen mit einem gehörigen Sonnenbrand an. Auch an Deck sollten Sie sich eincremen. Oder noch besser: die Haut ganz vor der Sonne schützen.

MOTORRAD FAHREN OHNE HELM

Motorradfahrer und Mitfahrer müssen Helme tragen. Zwar sehen Sie häufig drei oder vier Einheimische auf einem Motorrad und ohne Helm, aber Touristen sollten dem nicht nacheifern. Bei den häufigen Kontrollen hilft ein Verweis auf die helmlosen Einheimischen wenig. Im Schnitt verunglückt jeden Tag ein Fahrer tödlich. Auch Touristen sind regelmäßig unter den Opfern. Achtung: Für Motorräder gibt es nur eine Haftpflichtversicherung, die gegnerische Personenschäden bis 15 000 Baht deckt.

VOR HUNDEN WEGRENNEN

Streunende Hunde sehen Sie oft auf Phuket. Tagsüber sind sie sanftmütig, aber nachts und im Rudel können sie zur Plage werden. Rennen Sie auf keinen Fall davon. Gehen Sie stetig, aber ohne Hast weiter. Ein Trick, der fast immer funktioniert: Bücken Sie sich kurz, als ob Sie einen Stein aufheben wollten. Damit halten Sie die Hunde auf Distanz.

SICH VON SKOOTERN VERFÜHREN LASSEN

Mit den Flitzern kann man übers Meer brettern, aber andere auch belästigen oder gar schwer verletzen. Skooter sind nur auf Phuket an den Stränden von Bang Tao, Karon, Kata und Patong erlaubt. Wenn Sie damit zu einem anderen Strand düsen, kann Ihnen das einen Strafzettel einbringen.

SICH ZU SICHER FÜHLEN

Südthailand ist im Allgemeinen ein sicheres Reiseziel, aber einige Vorsichtsregeln müssen doch beachtet werden. Frauen sollten nicht allein am einsamen Strand spazieren gehen oder trampen. Auf nachts wenig befahrenen Straßen in Phukets Touristenbezirken sollten Sie Vorsicht walten lassen – ausländische Mopedfahrer wurden Opfer von Raubüberfällen. Wer in den Bars seine dicke Brieftasche zeigt, weckt Begierden. Einladungen zu Trinkgelagen mit Einheimischen sollten Sie freundlich ablehnen oder sich nach einem Höflichkeitsschluck entfernen. Denn bei alkoholisierten Thais kann aufgestauter Frust sich explosionsartig entladen.

ROTE FLAGGEN MISSACHTEN

Ab Anfang Mai bis November/Dezember treten an Phukets Stränden oft gefährliche Unterströmungen auf. Jährlich kommt es fast jede Woche zu Todesfällen, weil Urlauber die roten Flaggen ignorieren und trotzdem ins Wasser gehen.